JN005740

唯一無二の魅力を持つ30のお店

純喫茶とあまいもの

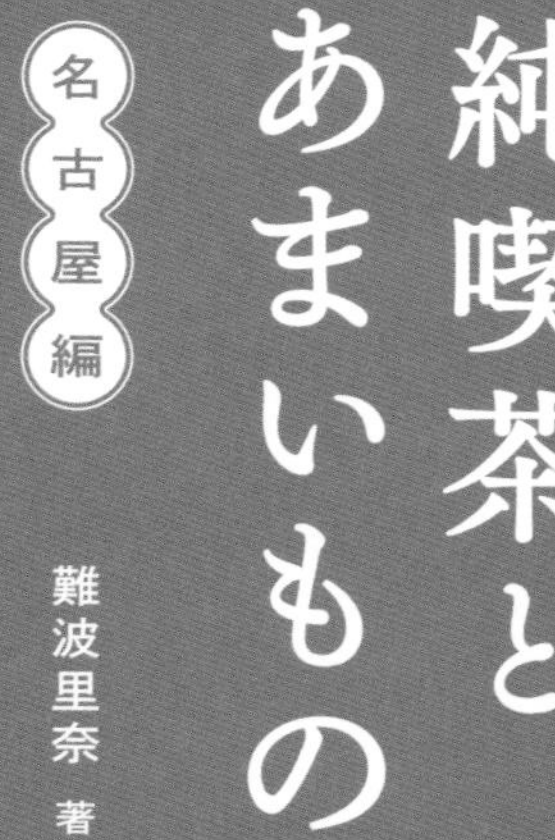

名古屋編

難波里奈 著

誠文堂新光社

好きな純喫茶が増えることは、好きな街が増えること

コーヒーを飲むときにそばにあると、つい顔がほころんでしまう「あまいもの」。「純喫茶とあまいもの」シリーズは、東京、京都を経て、三作目は名古屋編となりました。ほかの地域よりも喫茶店と生活が密接しているといわれ、豪華なモーニング文化発祥の地として知られる愛知県。自分が暮らしている東京からはアクセスしやすいゆえに、日帰りしてしまうことが多かったのですが、この取材を通じてこれまで行ったことのなかったエリアを歩き、焦がれていたお店たちを訪問することで、その魅力の入口に触れてもっと深く知りたくなった数カ月間でした。

タイトルに「あまいもの」とありますが、本書ではその味や作り方について詳しい説明はしておりません。古き良き時代の趣を感じられ、お店の方たちの想いや情熱を感じられる宝箱のような貴重な空間で味わうあまいものの幸せ、という視点でつづっています。純喫茶のメニューに並ぶあまいものたちはどこか素朴でキュートなルックスをしています。しかし、お店によってさまざまな工夫が凝らされているところに昭和の時代から令和まで生き延びてきた力強さを感じて、その健気さに毎回心を打たれてしまうのです。

なじみのある街でも、まだ訪れたことのない街でも、素敵な純喫茶があることを知っていれば、いつか苦しいことやさみしいことがあったときの居場所として、自分の拠り所になってくれるかもしれません。好きな純喫茶が増えることは、好きな街も増えることだと思っています。

「あまいものを食べにいきませんか?」。そんなお誘いをもらえたら、いつだってうれしい。すでにいろいろなお店を巡られている方にも、「なんとなく気になる」とこの本を手に取って下さった方にも、素敵なあまい時間がありますように。

難波里奈

純喫茶とあまいもの 名古屋編

目次

好きな純喫茶が増えることは、好きな街が増えること — 2

トースト

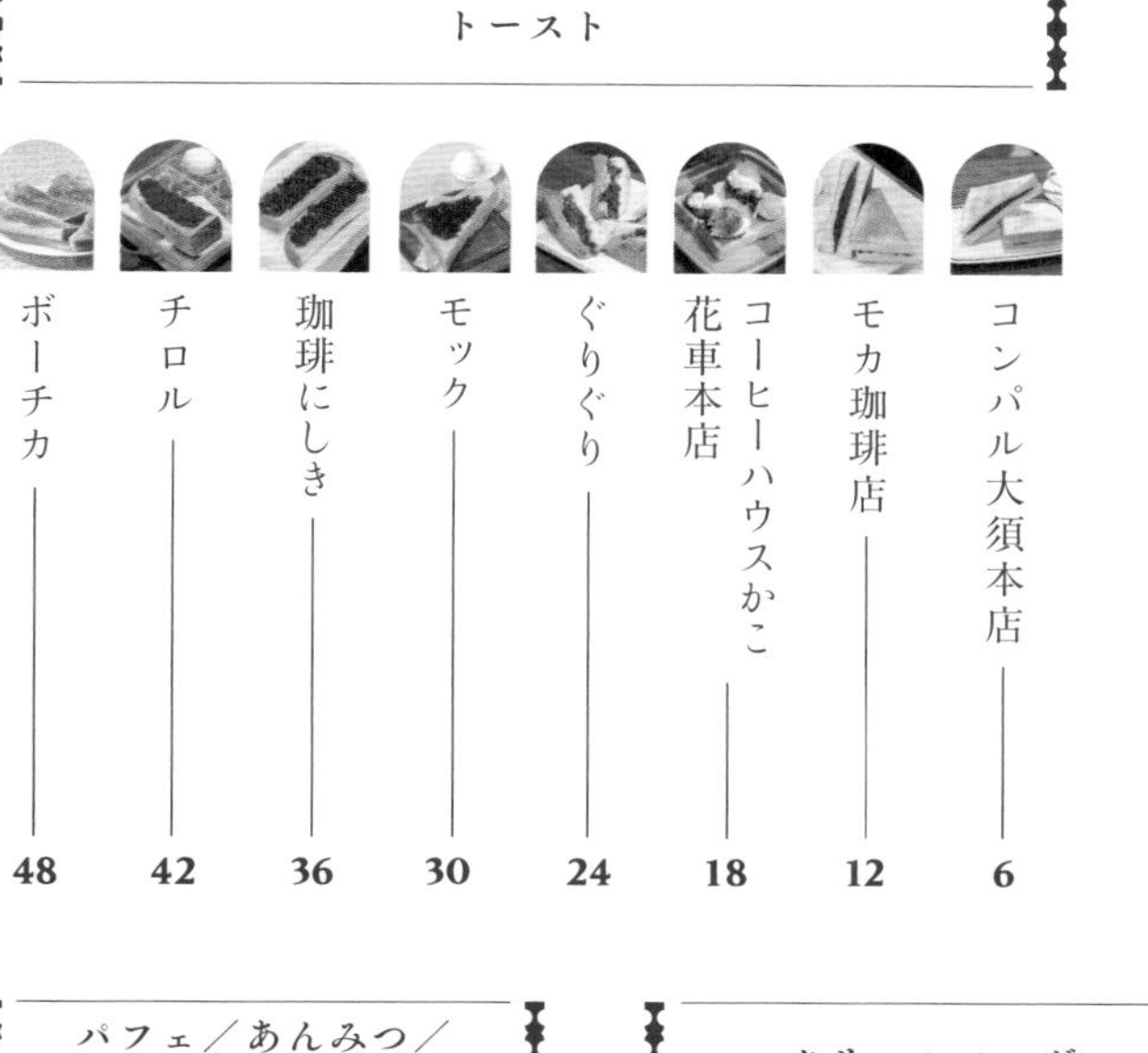

コンパル大須本店 — 6
モカ珈琲店 — 12
コーヒーハウスかこ 花車本店 — 18
ぐりぐり — 24
モック — 30
珈琲にしき — 36
チロル — 42
ボーチカ — 48

クリームソーダ

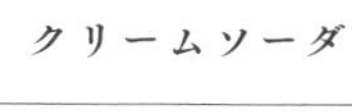

珈琲家ロビン — 58
珈琲処 カラス — 64
コーヒーハウス パイカル — 70
真珠貝 — 76

パフェ／あんみつ／フルーツサンド

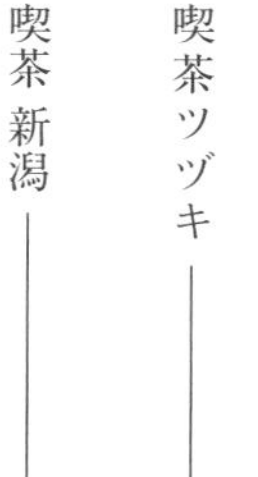

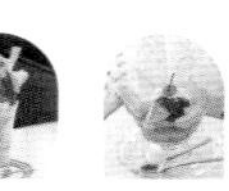

喫茶ツヅキ — 86
喫茶 新潟 — 92
ワールド — 98
喫茶サンモリー — 104

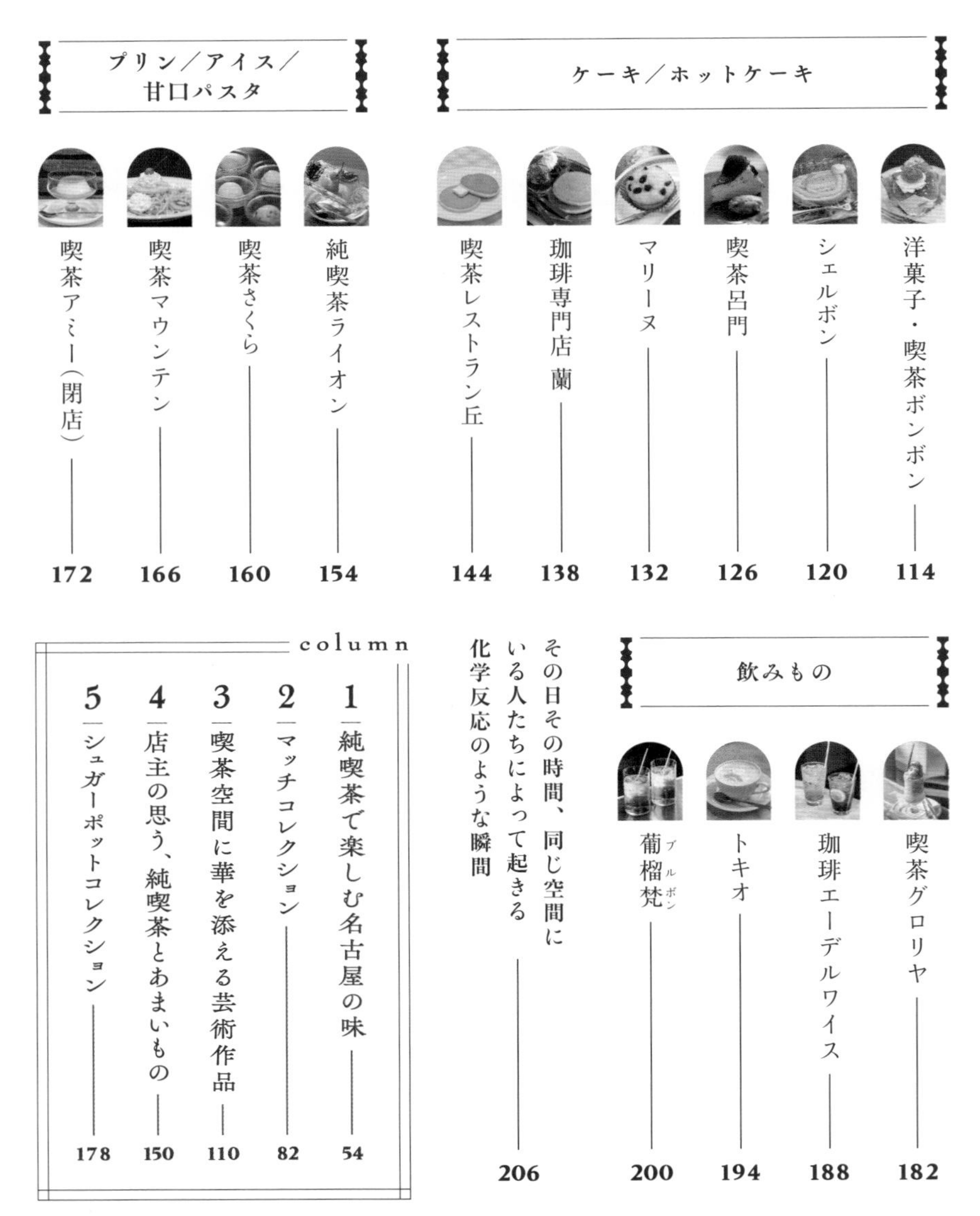

ケーキ／ホットケーキ

洋菓子・喫茶ボンボン 114
シェルボン 120
喫茶呂門 126
マリーヌ 132
珈琲専門店 蘭 138
喫茶レストラン丘 144

プリン／アイス／甘口パスタ

純喫茶ライオン 154
喫茶さくら 160
喫茶マウンテン 166
喫茶アミー（閉店） 172

飲みもの

喫茶グロリヤ 182
珈琲エーデルワイス 188
トキオ 194
葡榴梵（ブルボン） 200

その日その時間、同じ空間にいる人たちによって起きる化学反応のような瞬間 206

column

1 純喫茶で楽しむ名古屋の味 54
2 マッチコレクション 82
3 喫茶空間に華を添える芸術作品 110
4 店主の思う、純喫茶とあまいもの 150
5 シュガーポットコレクション 178

2023年7月時点の情報に基づき制作しています。お店の情報等は今後変更になる場合があります。

トースト

コンパル

名古屋の顔ともいうべき喫茶店
焼き目も断面も美しい小倉トースト

小倉トースト

ふわふわでサクサクのトーストにつぶあんがたっぷり入ったメニュー。
濃厚で香り高いコンパルのコーヒーとも相性抜群。

「チェーン店やカフェにはまったく行かないのですか?」という質問を受けることがたまにあります。そんなことはなく、状況によっては利用しますし、コンビニエンスストアのコーヒーを飲むこともあります。ただ、できることならなるべく一軒でも多くの個人経営店に足を運びたいと考えているため、利用回数は限られてしまうのです。

2023年3月に地下街施設一時閉鎖を理由に閉店したメイチカ店を除いて、現在8店舗ある「コンパル」。単一資本で11店以上を直接経営・管理している飲食業のことを「チェーンストア」と呼ぶそうなので、こちらは該当しませんが、個人経営ではなく多くの従業員によって支えられているという点では、ほかとは違った営業形態です。8店舗すべてが名古屋市内にあるため、利用する側としても、そのとき居る場所によって使い分けられるのがうれしいところ。私が「コンパル」の中でもっとも多く利用しているのは、大須本店。普段好んで着ている古着のワンピース

印象的な緑のタイル張りの壁。かつては店の中に池があり、その名残だそう。

を売っているお店が近くにあるということもありますが、店内奥にある深い青緑色のタイルを見たくてこちらを選んでいます。

現在、店長を務めるのは、アルバイトの場所としてこちらを選び、そのまま正社員となった播磨良明さん。新型コロナウイルス感染症で初めての緊急事態宣言が出た2020年4月に大須本店に配属されたそうで、大須商店街のお店たちも軒並み休業し、「コンパル」も全店で1カ月ほど閉めるという今までに体験したことのない事態に直面し、赴任してすぐの頃はとても大変だったとお話ししてくださいました。

その後、徐々に客足は戻り、今では播磨さんも大須本店の顔となって、常連さんに覚えてもらって話しかけられたり、久しぶりに来たお客さんに声を掛けられたりすることが

1947年の創業当時は名古屋市中区に店舗を構えていたが、その翌年現在の場所に移転。広い店内は座る席によって見える景色が変わり、何度来ても新鮮。

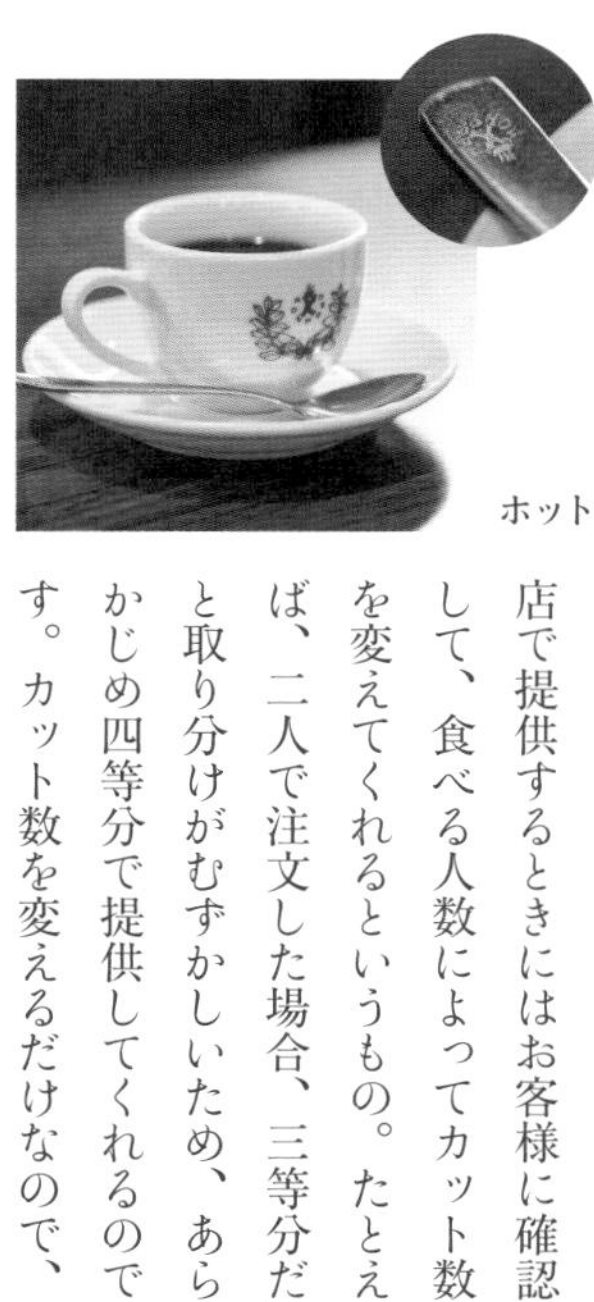
ホットコーヒー

ダイヤル式の公衆電話は今も現役。

うれしいそうです。「大須本店はほかの地下街にあるお店と比べて、昔からあるゆえにお客さんとの距離が近いんです。商店街で働いている方や近隣に住んでいる方たちとのくだけた会話も大須本店ならではの魅力」と、ゆったりした座席でくつろぐ人たちをいとおしそうな目で見ていらっしゃいました。

メニュー表を眺めていたとき、播磨さんが説明してくださったサービスの中でなるほど、と感激したものが一つあります。それは、基本的には三等分されるサンドイッチを、お店で提供するときにはお客様に確認して、食べる人数によってカット数を変えてくれるというもの。たとえば、二人で注文した場合、三等分だと取り分けがむずかしいため、あらかじめ四等分で提供してくれるのです。カット数を変えるだけなので、

コーヒーシェイク

ジャーマンカツサンド

フルーツサンド

もちろんボリュームは変わりませんが、テーブルに運ばれたその先のことまで想像してくれるというやさしさに心打たれます。

「令和になっても、昭和の時代をそのままずっと引き継いでいるようなお店です」と播磨さんは謙遜されますが、人気老舗店という立場にあぐらをかかず、来てくれる人たちをもてなしたいという気持ちとともに、常に進化しているからこそ、今も愛され続けているのです。

◎コンパル大須本店

㊖愛知県名古屋市中区大須3-20-19
㊔名古屋市営地下鉄名城線
「上前津駅」より徒歩5分
㊕8:00～21:00
㊡無休
☎052-241-3883（テイクアウトのみ予約可）

アイスコーヒー

デミタスカップに入った熱いコーヒーと氷の入ったグラス、クリームが運ばれてきて、自分でアイスコーヒーにするスタイル。やってみるとこれが楽しい。

看板パンメニュー「エビフライサンド」

「コンパル」はパンメニューにも力を入れています。お店のホームページによると、「長年レストランで勤務していたシェフをスカウトし、昭和35年から本格的なサンドイッチメニューを展開し始めた」そう。

人気の「エビフライサンド」はエビフライ3本、ふんわりした卵焼きとキャベツを、焼いたパンで挟んだもの。ソースはカツソースとタルタルソースのダブルソース。コロナ禍を経て、今ではテイクアウトできる喫茶店も増えてきましたが、こちらはその先駆けでした。「エビフライサンド」のほか、約20種類のサンドイッチの持ち帰りが可能です。

私も監修として参加させていただいた、ミニチュアトイメーカー、ケンエレファント制作の「エビフライサンド」のミニチュア版。

モカ珈琲店

二代目店主は元常連さん
創業60年以上の老舗で出会う懐かしの味

日本一活気がある商店街といわれ、大須観音をはじめ、飲食店や古着屋、家電量販店などのいろいろなお店が立ち並び、観光客向けの流行(はや)りものだけではなく、そこで暮らす人たちのための昔ながらの商店も残っている大須商店街。食べ歩きや買い物は楽しいですが、少し歩き疲れたら座ってゆっくりコーヒーでも飲みたくなるものです。そんなときに知っていると重宝するのが、商店街の中にいくつもある喫茶店の一つ、「COFFEE」という文字の外観が目を引く「モカ珈琲店」です。

創業からは60年以上たっていますが、現在二代目として店を守るのは、「モカ」の創業者の血縁や友人などではなく、一緒に大須の街を盛り上げてきた大須演芸場の娘さんである樋口信子さんです。先代のマスターが亡くなり、奥様も体調を崩されて店の継続がむずかしくなり、信子さんが引き継い

あんトースト

こんがり焼けた厚みのあるトーストにバターと甘さ控えめのあんをたっぷりサンドした一品。かつて有名女優がこれを目当てに訪れていたそう。

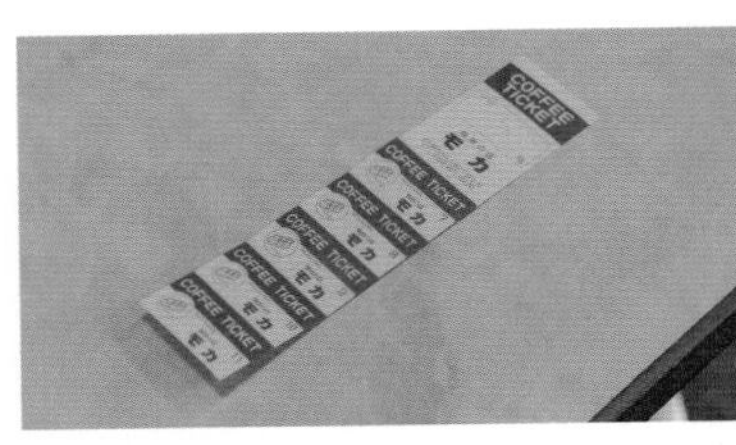

板張りの壁、エンジ色のソファ、1本足の白いテーブルが懐かしい気持ちにさせてくれる店内。メニュー名も店の装飾も、先代のものがそのまま引き継がれている。

だのが1990年。信子さんは元々、10年以上こちらに通っていたお客さんだったそうで、「モカ」の悲報を知り、店内の家具や道具を引き取って別の場所で喫茶店を開くつもりでしたが、そのままここで営業してはどうかという提案を受け、居抜きでやることに。先代マスターのご家族から「そのままにしてほしい」という願いがあって店名も変えませんでした。

演芸場が身近だったゆえ、お客さん相手の商売には慣れていたものの、喫茶業は勝手が全然違ったという信子さん。飲食の仕事に就くのも初めてで、最初の頃はお盆を持つ手が震えるほど緊張したそう。「そもそもコーヒーが好きじゃなかったし、まったくの素人だったから、淹れ方とかは手取り足取り教えていただいて、その通り忠実に守って。いまだに納得がいくコーヒーは淹れられていない」と謙遜されますが、客席に目を向けると、コーヒーカップ片手にお話ししている人たちは、皆満足そうな表情です。

店名に「モカ」とついているので、コーヒーの味には普通以上に気を使っているのではないかと

ネルドリップで淹れられる深煎りのコーヒーは、アットホームな空間でくつろぐときのお供に最適。世間話に花を咲かせる常連さんにも、観光で訪れた一見さんにも人気。

思ってしまいますが、「好みですからね。苦いほうが好きな人もいるし、薄めのほうが好きな人もいるし。うちは濃いめだからか、高齢の人たちには『懐かしい味だな』って言われることがあります。今の若い人たちは、機械で淹れたあっさりした感じを飲み慣れているかもしれませんが」と、先代からの味を変えずに大切に守っているそうです。

　場所柄、観光客もたくさんいらっしゃいますが、午前11時頃までは常連さんがほとんどで、まるで自分の家のリビングのようにふらりと遊びに来る方が多いそう。そこに行けば誰かと会えるというのはありがたいことで、気軽に通えるのも喫茶店の大きな魅力の一つだと思っています。

　誰よりもこの街と縁が深いであろう信子さんに大須の良さを尋ねてみると、「観音様があって商店街があり、商店街があって観音様があるところ。若い人たちだけではなく、年を取っても来やすい街で、寝間着の上にコートを羽織って歩ける気取らなさもいい」と教えてくれました。

　現在は信子さんのご子息である大樹さんも一緒にお店に立っています。ご主人が亡くなったとき

に手伝ってもらうようになり、二人で切り盛りすることに。多くの喫茶店は個人経営であるゆえに、店主の体調不良や後継者不在を理由に、唐突に閉じてしまうことも少なくありません。そういう出来事に今までたくさん出会ってきたので、「モカ」のような事例を聞くととてもうれしくなります。かつてくつろぎに来ていたモカをなくしたくないという思いが信子さんを動かし、また日々一生懸命働く母の姿を見て、大樹さんもお店に立ちたいと思うようになったのかもしれません。

「10年ぶりくらいにいらしたお客様が、『久しぶりに来たけれど、ここよう来さしてもらったなあ』って懐かしんでくれて。そういう古い店があってもいいですよね」と笑う信子さん。

もしこれから先、何かピンチに直面したとしても、「モカ」を愛する人たちの「ずっとここにあってほしい」という願いが観音様に届いて、きっと守られていくことでしょう。

◎モカ珈琲店

所愛知県名古屋市中区大須２－１８－１８
行名古屋市営地下鉄鶴舞線「大須観音駅」より徒歩５分
営6:00～19:00
休月（祝、１８・２８日は営業、翌火休）
☎052－201－3770（予約不可）

ほどよい苦味とソフトクリームがマッチしたコーヒーゼリー。もちろん店のコーヒーが使用されているので、ここでしか食べられない味。

コーヒーゼリーとともに、信子さんがお店を継いでからできたメニュー。厨房で試行錯誤を繰り返して完成したそう。その場所を守っていくために、ただ変わらないのではなくいろいろな工夫がされている。

目が喜ぶ
カラフルな
フルーツコンフィチュールが
のった小倉トースト

シャンティールージュ
スペシャル

自家製のあん、生クリーム、4種類のフルーツコンフィチュールがトッピングされたぜいたくなトースト。バターの風味とやさしい甘さのハーモニーがたまらない。

今までに数えきれないほどのお店でお話を伺ってきて、いつも思うことは、喫茶店の朝はとにかく早い。名古屋駅から歩いて行ける距離にあり、週末には開店前から行列ができる人気店「コーヒーハウスかこ　花車本店」もそうでした。こちらの看板メニューは、四つにカットされたパンの上に、バター、あん、生クリーム、種類の違うフルーツコンフィチュールがのせられたカラフルで魅惑的なトースト。食べた人たちが絶賛する絶妙な甘さの自家製あんを作るときは、朝5時半から一日がスタートするのです。

2023年4月1日で開店から51年を迎えた「かこ」。以前は4店舗あったそうですが、諸事情で現在は2店舗に。そのオーナーを務めつつ、日々お店に立つマスターの土屋賞蔵さんは「美術鑑賞とファッションが好き」とおっしゃる通り、お召しになっていたコムデギャルソンのシャツがお似合いでした。喫茶経

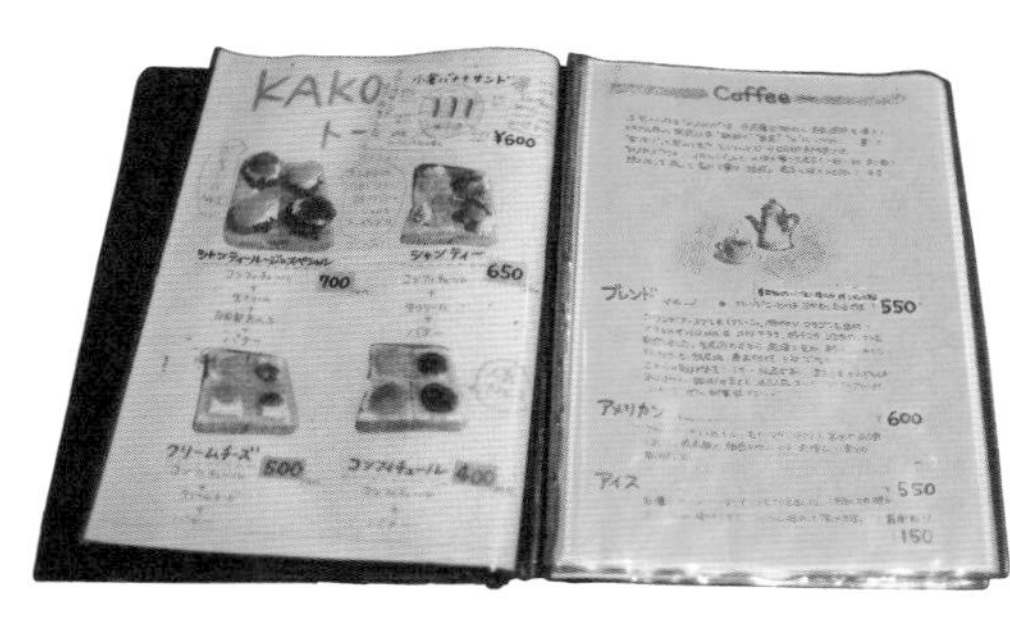

今では手に入らないという一枚板のカウンター。年数の経過に伴って木の色が深まり、表情が味わい深くなっていく。

営を始めたのは、お父様から商売をすることを勧められていたこと と、かつてこの場所で知人が営んでいた「ゆき」という名前の喫茶店が幕を閉じてしまい、居抜きで営業できる人を探していたことがきっかけだったそう。

こちらの看板メニュー「シャンティールージュスペシャル」にはあんがのっていますが、名古屋らしさを意識したわけではなく、いちご大福などにあるあんと生クリームとフルーツのハーモニーにヒントを得て考案されました。土屋さんは多いときで24kgものあんを作る日があるようで、一度それ以上の量を作ることに挑戦したところ、過労で倒れてしまったそうです。市販のあんだと甘すぎると感じたため、砂糖は控えめにし、ヨーロッパの岩塩を隠し味にしま

「自分が青春時代を過ごした店がずっとあって、シミさえも残っていたらうれしいじゃない。青春プレイバックできるから」と土屋さん。

「いいものをたくさん見れば、自然と目が養われる」をモットーに、時がたつにつれて味が出る造りになるように依頼したという内装は、どんどん美しく。

した。自家製あんはお店で購入することもできます。

名古屋で初の自家焙煎を始めたお店としても知られていますが、焙煎については独学で学んだそうです。何に対しても研究熱心な土屋さんは、開店から51年が経過する間に紅茶やココアについても勉強しているといいます。

コロナ禍も休むことなく時短営業を続けた土屋さんに、大変だったことについて尋ねてみると、「仕事が好きだから、別にないなあ」というさっぱりした答えが。続いて、この日働いていた人たちに「かこ」で働くことの楽しさについて質問してみると、「話すことが好きなので、常連さんと新規のお客さんの入り混じっている感じがいいですね。変化があるので飽きないんです」と笑顔で教えてくださ

店内で作られる名物のフルーツコンフィチュール。シフォンケーキから小倉バナナサンドまで、スイーツには必ず添えられるのがうれしい。

生搾りオレンジジュースにホイップクリームとオレンジマーマレードを加え、さらに同じマーマレードをのせた「オレンジラテ」。テイクアウトでも人気のフルーツコンフィチュールから考案された。オレンジは1個半使用。

オレンジラテ

小倉バナナサンド

バナナとあんを挟んだサンドイッチにフルーツコンフィチュールを添えて。名古屋喫茶の名物メニューにも「かこ」ならではの個性が光る。

いました。

いつ訪れても作業が丁寧で、ちょっとした会話にもやさしさがあって、ご自分の仕事をとても大事にされて、誇りを持っていることがわかる土屋さん。「かこ」で感じる居心地の良さは、オーナーをはじめ、お店にいる人たちが誰よりもその空間を愛しているからこそ、伝わってくるのかもしれません。

◎コーヒーハウスかこ 花車本店

㊟愛知県名古屋市中村区名駅５-１６-１７
花車ビル南館１Ｆ
㊔名古屋市営地下鉄桜通線
「国際センター駅」より徒歩３分
㊒7:00～19:00（L.O.18:30）
７～９月の平日、土・日・祝7:00～17:00（L.O.16:30）
㊡無休
☎052－586－0239（予約不可）

オレンジマーマレード、キウイ＆白ワイン、フランボワーズバナナ、ブルーベリーバナナ、バナナバニラは通年でよく売れる。女性にはアールグレイベースのものが人気だそう。

お土産にぴったりの自家製 フルーツコンフィチュールとラスク

年間を通して100種類ほど入れ替わるというフルーツコンフィチュールはもちろん自家製。「エースはオレンジマーマレード。りんごバリエーションが売り」と土屋さん。店内で味わえるほか、持ち帰りもできるのでプレゼントにも最適です。また、パンメニューを作るときに使用した食パンの両端の耳の部分はラスクに変身。定番の「シュガー」のほか、「キウイ&白ワイン」などのあまいものから、「粒マスタード」「自家製からしバター」などおかず系の味まで充実。

ラスクは5個買うと好きなものが1個もらえる何とも太っ腹なサービス付き。

ぐりぐり

元気がもらえる明るいマダムと
あんたっぷりの小倉抹茶アイストースト

どの世界でも言えることですが、底抜けに明るくて眩(まぶ)しいくらいお元気な方に出会うことがたまにあります。気のせいかもしれませんが、照明などとは違う光が店内に満ちているような感じで、その人の近くにじっと座っているだけで気分がよくなってしまうような、そんな体験をしたことがあるのです。

「とにかく、うちの〝おじいちゃん〟がすごい人だったの！」。会話の中で何度もキラキラした目でお話しして下さったのは、「ぐりぐり」の店主でショートカットがお似合いの稲垣京子さん。〝おじいちゃん〟というのは、ご主人のお父様にあたる義父のこと。この場所は元々ご主人の実家で、理髪店だったそう。お店を畳むという話が出た頃、京子さんはご主人と結婚することになりました。「お店を閉じたあとは喫茶店にしようと思っている」という提案を受けましたが、自分の姉が喫茶店を経営していて、その忙しさを知っていたゆえ、「大

小倉抹茶アイストースト　小倉あんと抹茶アイスを種類の違うトーストで挟んだ一品。あんとアイスのハーモニーが口に広がり、食べる手が止まらない。

おじいちゃんの「お店が大当たりするように」という願いは、創業から47年が経過した現在も日々賑わっていることから確かにかなったに違いない。

変なので嫌です」とおじいちゃんに正直に伝えたところ、「大変さを知っているからこそいい！」と京子さんの返事を気に入り、改めて喫茶店をやろうと誘われたのです。当時、喫茶店とは憧れの場所で、そういうきらびやかな一面だけを見ているとしたら困る、とおじいちゃんは考えていたそう。

「開店までの準備はおじいちゃんが全部やってくれて。新婚旅行の翌日からオープンすることが決まっていたんだけど、帰ってきたら、改装も終わっていてアルバイトの人まで決めてくれていた」と驚きのエピソードが。時と場合にもよりますが、決断が早いことは成功の秘訣なのかもしれません。損得や失敗について考えすぎてしまう前に、サッと動いてしまうほうが選択肢が増えることも多いのです。

「おじいちゃんは1時間だけ店で座ってコーヒーを飲んで、時間が来ると

店名を名付けたのは競馬が好きだったおじいちゃん。「ぐりぐり」とは、そのレースで一番有力で、もっとも勝利に近いと思われる競走馬につける予想印で、◎（二重丸）で表すそう。

スッと上に上がってしまって。信用して任せてくれているんだなあってわかったから、頑張らなきゃと思ったの。今でもすごく尊敬していて、毎日一番先にお供えのコーヒーを持っていくの」と、次から次へと紡がれるおじいちゃんへの賛辞。博識で文化人、粋で話題も豊富、お客さんにも人気があったおじいちゃんにはお会いしたことがないのに、私もすっかりファンになってしまいそうです。とはいえ、現在お店を守っているのは紛れもなく京子さん。今のお客さんは、京子さんの明るい笑顔に癒やされたくて足を運ぶのでしょう。

　喫茶店で見かけるコーヒーチケットについて、京子さんからあるエピソードをお聞きしました。初めて来たお客さんがお店でくつろいでいるとき、コーヒーを飲んでそのままお店を去る常連さんたちを見て、「みんなお金を

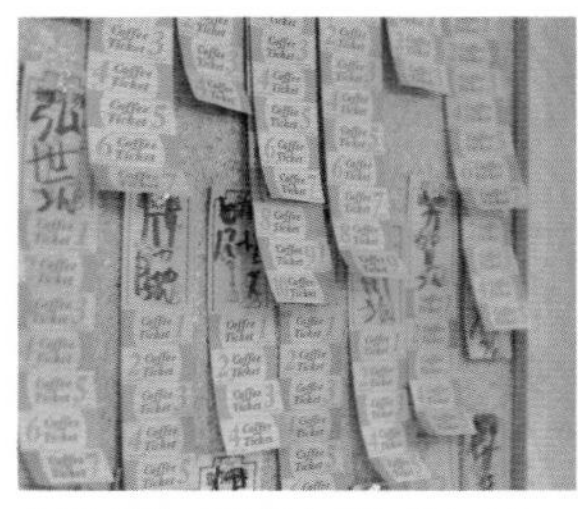
今では置いてあるお店も少なくなったコーヒーチケット。コルクボードに常連さんたちの名前が書かれたチケットがたくさん貼られている。

払わないで帰っていきますけど大丈夫ですか？」と京子さんに伝えたそう。「あ、そうか、そういうふうに見えるんだ(笑)」と、その方にシステムを説明した結果、理解して、さらに自分の分のチケットを買ってくれたそうです。

京子さんには「またここへ来たい」と思わせる不思議な力があるのかもしれません。「コーヒー豆を卸してもらっている会社の人もそう言うの。『ここに入ると元気がもらえる』って。いらっしゃいませって元気よく言っているからかな」。

お客さんと話すのが大好きという京子さんにとって、喫茶店という仕事は天職に違いありません。

◎ぐりぐり

㊜愛知県名古屋市中区
葵1-22-15
㊒名古屋市営地下鉄東山線
「新栄町駅」より徒歩3分
㊟7:00～18:00
土・祝7:00～17:00
㊡日
☎052-931-4514（予約可）

左）ビーフと野菜のカレー
右）グリーンティーフロート

壁一面に張られた イタリア製のタイル

「ぐりぐり」に入ったとき、真っ先に目に入るのが、壁一面に張られた黄色いタイル。以前、同じタイルをほかのお店でも見かけたことがあり、聞いたところイタリア製とのこと。「毎日見ていても飽きがこない」と京子さんもお気に入り。タイルの向日葵みたいな模様は、まるで京子さんみたいだと思うのです。

この日京子さんが着けていたエプロン、壁に張られているメニューの紙も鮮やかな黄色。

モック

モーニング　コーヒーを注文するとバターたっぷりの厚切りトーストとゆでたまごがついてくるモーニング。追加料金で小倉トーストに変更も可能。

創業44年の
「何かいいお店」で味わう
ほどよい厚みの小倉トースト

「あぁ、ここにずっといたい」。好みの内装のお店に出会うとしばしばそう思ってしまいます。何かを好きだと思うとき、突き詰めていけばきっと明確な理由はあって、誰かにそのよさを伝えるために言葉を探さないといけないこともあります。しかし、素直な一言でその感情を表すとしたら、いつも「何かいい」なのです。名古屋駅から徒歩数分、1979年創業の「モック」は、アーチ型の入口とオーバル型の窓が四つあるのが特徴で、お店に近づくにつれそのかわいらしい外観についい目を奪われます。窓にはレースのカーテンが掛けられていてどこかムーディーな雰囲気。

現在お店を営むのは二代目の服部禎子（よしこ）さん。「モック」は服部さんのお母様とお姉様が始めたお店で、禎子さんも以前から手伝いでお店に立たれていましたが、お母様が引退し、二代目となりました。創業50周年も近くなり、「とにかく

モック サンの 営業時間
AM7:30〜PM4:00
定休日は 土曜日・祝日は12時まで
……毎週日曜日です
ヨロシク

天井からは貝殻でできたランプが吊るされ、
オレンジ色の光が店内をやさしく照らす。

もう古いので直すところばっかり」とおっしゃいますが、喫茶ファンとしては、どうかこのままでと心の中で願ってしまいます。

たとえば、入口のドアに注目してみると、外側の取っ手は引いて開けるため、人が握る部分が変色していますが、内側の取っ手は、ドアの木の部分を押して開ける人も多いためか、真鍮の輝きがまだ残っているのです。そんなふうに時間を重ねてきたものたちの味わいはすぐにできるものではないため、調和の取れている現在の状態を勝手ながらいとおしく思うのです。

お客さんには通勤途中のサラリーマンもいますが、近隣で暮らしている方々が多いそう。「うちは高齢者の憩いの場ですね。ここに来ると誰かに会えるからという感じで」と禎子さん。現在のようにスマートフォンやパソコンがなかった時代に誰かと会うためには

大きな窓には黒のレースのカーテンが掛けられている。照明の落ち着いた色、暗赤色の椅子、レンガ模様の壁紙とあいまって店内は大人っぽい雰囲気。

は、自ら出掛けていって直接対面するしか方法がありませんでした。駅にあった掲示板のほか、待ち合わせの場所としてよく利用されていたのが喫茶店でしたが、現在その役目は終えてしまったのかもしれません。どちらがいいとか悪いではなく、技術が進歩したのは喜ばしい出来事ですし、それによって文化が後退するのかといえば、一概にそうとはいえないでしょう。

　チェーン店やコンビニエンスストアの著しい台頭によって、どこにいても距離を飛び越えて遠くのお店の味を楽しめるようになりました。もちろん、それはうれしいことではありますが、「モック」のような素敵な内装ごと移動してきてくれるわけではないので、「そこにいる」という経験は、自分が足を運ばないとまだできません。実際にその空間にたたずんでみることで、想像していたよりもずっといろいろな

赤、青、緑から選べるクリームソーダ。近年はSNSの影響もあり若いお客さんが増え、食べるときにスマートフォンで楽しそうに撮影している様子も多く見られるのだとか。

視点からのよさを楽しめるのです。

旅の途中に出会った好きなお店を目当てにまたいつかその場所を目指すのもいいですし、生活圏にさりげなくあるお店へ頻繁に足を運ぶのもいいでしょう。一過性のブームにとどまらず、「モック」のような憩いの場所を見つけた人たちが、これからも素敵な喫茶時間を過ごせますように。

◎**モック**

㊫愛知県名古屋市中村区太閤４－１－４
㊔JR線等「名古屋駅」太閤通口より徒歩5分
㊢7:30～16:00　土・祝7:30～12:00
㊡日
☎052-452-5113（予約不可）

大切に引き継がれた調度品

海外の土産品と思われる人形、味のある立体的な木彫りの壁飾り、七宝焼きのような花柄の帽子、ステンドグラスのランプなど、「モック」にはセンスのいい調度品がたくさん飾られています。

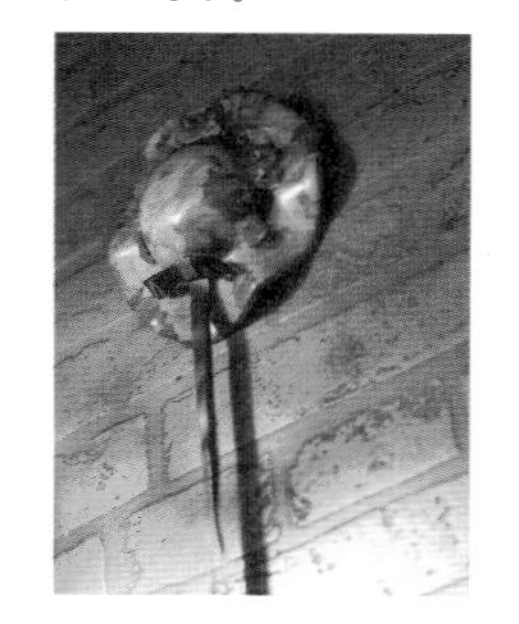

大きな鳥の彫刻は先代がデパートで購入してきたものだそう。

少女をモチーフとした絵画。調度品のスタイルはそれぞれ違いますが、不思議と調和がとれています。

小倉トースト

こんがり焼けた山型トーストにたっぷりのあんがのったメニュー。トーストに切り込みが入っているので中までバターが染み込んでいる。

今では貴重な愛煙家の喫茶店
たっぷりのあんがのった小倉トーストをぜひ

喫茶店とは切っても切れない存在だったたばこ。法律の改正により、２０２０年４月１日を境に飲食店は原則屋内禁煙となって吸えないところも増えましたが、ほんの数年前まではモクモクとした煙に包まれることが少なくありませんでした。禁煙空間になったことで今まで敷居をまたぎにくかった人たちが入りやすくなったのはいいことでしょう。しかし、それまで毎日のように訪れていた喫煙者の方たちが、長い間お店の売り上げに貢献されていたことも事実だと思います。

１９７５年創業の「珈琲にしき」は、入口近くに「愛煙家の珈琲店」と大きな文字で書かれた貼り紙がされ、昔以上に喫煙者の貴重なオアシスとなっています。

出迎えてくれたのは、白いシャツにベストのような形をした長いエプロンをつけ、白の和帽子をかぶった三浦廣（ひろし）

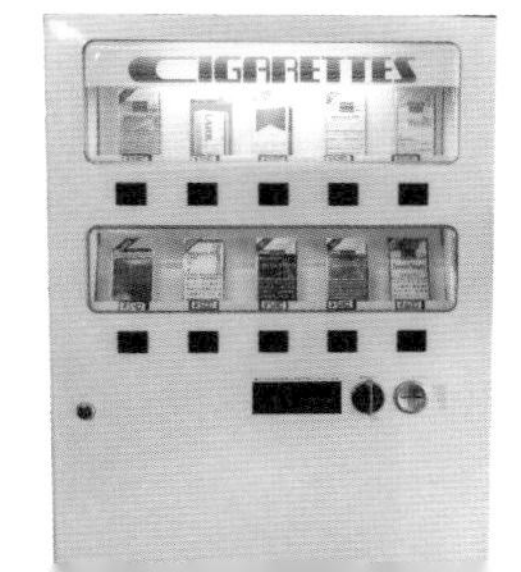

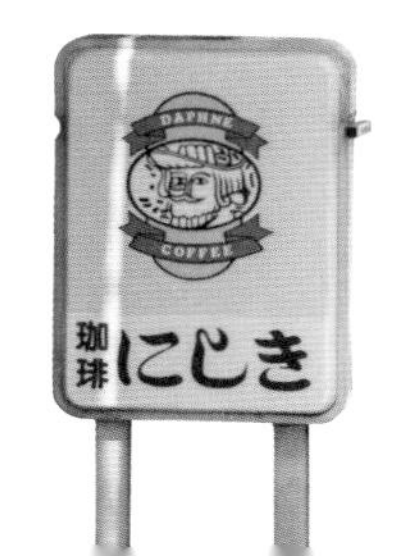

さん。にこやかで話上手なため、つい引き込まれてしまうエピソードをたくさん聞かせて下さいましたが、中でも特に印象深かったのは、三浦さんの経歴について。現在１０００店に届くほどの勢いで全国展開している「コメダ珈琲店」の本社が名古屋にあることはよく知られています。三浦さんの喫茶道は、何とコメダの1号店、１９６８年に開店した「菊井店」で当時の仲間とともに働いたことから始まりました。

「ボランタリーチェーンっていって、小さなお店が共同で仕入れて、そのスタイルは独自でやりましょうという方式だった。いわゆる喫茶組合の元だね。昔の経営者というのは〝３６５日死ぬまで働け〟というスタイルで、僕は休みなしで働くというのは抵抗があった。週に一度の休みがほしかったんだけど、ここはビジネス街だから土日休みになっちゃって（笑）。週5日の営業だと

右)「コメダ珈琲店」1号店である菊井店の立ち上げメンバーだったいう三浦さん。
左)「コメダ」勤務時代の貴重な写真。

お店は一度も改装していないにもかかわらず、くたびれた感じはない。「古いことと清潔でないことはイコールではない」と、毎日怠らず一生懸命掃除をしているそう。

売り上げ的には厳しいね」と、三浦さんは当時の勤務スタイルに合わず、「コメダ」を辞めて「にしき」を開きます。元々コーヒーが好きだったわけではなく、「コメダ」で働いていたときも「落ち着いたら数年で辞めよう」と思っていたそうですが、50年ほど経った現在もコーヒーを淹れ続けています。

「コメダ」の立ち上げに関わるという特別な経験をした人だからこそ、紡ぎ出される言葉がどれも印象的です。たとえば、「〝賢は賢なりに、愚は愚なりに〟という言葉があるように、自分がナンバーワンになるのはむずかしいけれど、続けていくことで地域に愛されるオンリーワンを目指すことはできる。半世紀かかったけれど、今はオンリーワンにすこーし近づいたかな」という含蓄のあるお話。日々の中で、つい周りと比較してしまうことは多々ありますが、そこでいじけてしまうので

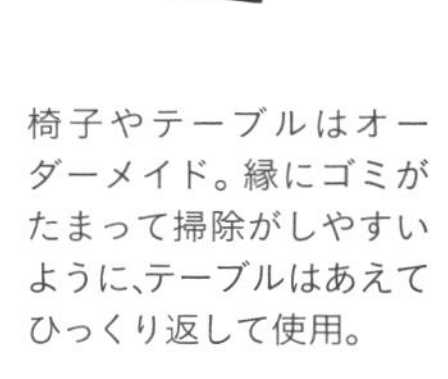

椅子やテーブルはオーダーメイド。縁にゴミがたまって掃除がしやすいように、テーブルはあえてひっくり返して使用。

目を引く文字は看板職人によるもの。「看板屋の字はね、近くで見たらバラバラだけど、遠くから見たら映えるんです」と三浦さん。

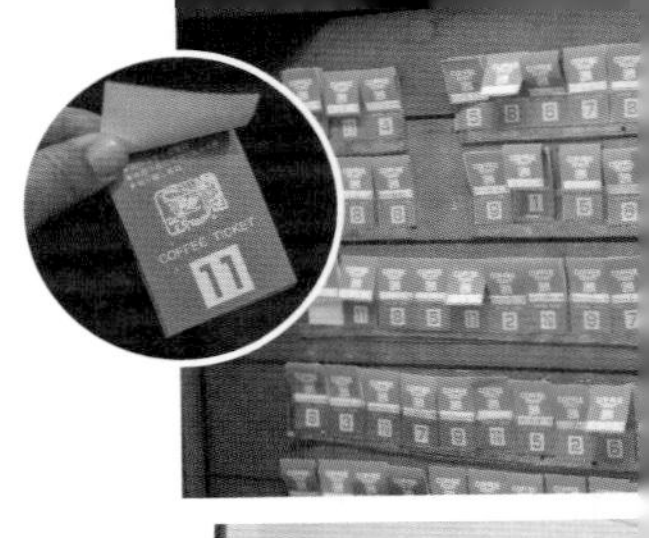

壁にかかる装飾品、メニューホルダー、ダフネコーヒーの缶など、店内には年月を感じさせるものが多数。どれも大切に使用されている。

はなく、自分だけの個性を見つけて強みにするということの大切さ。ご自分のお店を「僕らみたいにちっちゃい店なんて、吹けば飛ぶような隙間産業」とおっしゃいますが、大多数が優先されがちな世の中では、マイノリティの存在を尊重する姿勢も大切だと思います。ご自身は喫煙されませんが、「愛煙家が虐げられている世の中だから、ホッとする居場所を作りたい」という三浦さんの強い思いは、「にしき」へやって来る人たちにとってどれだけありがたいことでしょうか。

50年もの長い年月、お店を続けていることの大変さについて尋ねてみると、「何とも思わない。生活のために働いているだけだから。ただ、ずっと健康で、定休日以外は休んだことがないね」とさらりとした返答。自らお店を宣伝することはしていませんが、昨今のレトロブームの影響もあって、

コーヒー

コーヒーシェーク

オリジナルカップで提供される濃厚で苦味のあるコーヒー。店内にはお客さんにいただいたという昭和のアイドルのポスターも。

SNSなどに載った写真を見て訪れる観光客たちがいることをありがたく思っているそう。「一人でもコーヒーの好きな人に来ていただくとありがたい。潰れる前にぜひ（笑）。あと2～3年、後期高齢者になったら辞めにゃいかんな」と笑い飛ばす三浦さんの明るい表情にはパワーが満ち溢れていて、お話しするだけで元気をもらえるのです。くれぐれもお体には気を付けて、これからもずっと笑っていてほしいと願うのでした。

◎**珈琲にしき**

㊜愛知県名古屋市中区錦1-14-21
㊔名古屋市営地下鉄東山線・鶴舞線「伏見駅」より徒歩5分
㊡7:00～18:00
祝8:00～14:00
㊡土・日
☎052-201-5959（予約可）

チロル

小倉トースト、きしめん、モーニングまで
名古屋名物がたくさん味わえる駅近のお店

ほとんどの場合、旅をするときの目的は喫茶店そのものであるため、各土地の名物などを食べることなく、一日の食事がすべて喫茶メニュー、なんてことも少なくありません。しかし、今回は喫茶店にいながら意図せず名物を食べられるお店に出会えたのです。それは、昭和38年創業、２０２３年で60周年を迎える老舗の喫茶店、「チロル」です。

名古屋の名物といえば、ひつまぶし、天むす、味噌煮込みうどん、そしてきしめん。ここ「チロル」では、シンプルながらおいしいきしめんが食べられます。お話を伺ったのは、ご両親が開いたお店を引き継いだ加藤義昭さん。メニューにきしめんがあるのは、元々お父様が麺をお好きだったから。「最寄りの名古屋駅から歩いてきた人が『名古屋名物のきしめんを食べられるんだな』と思って入ってくるのではな

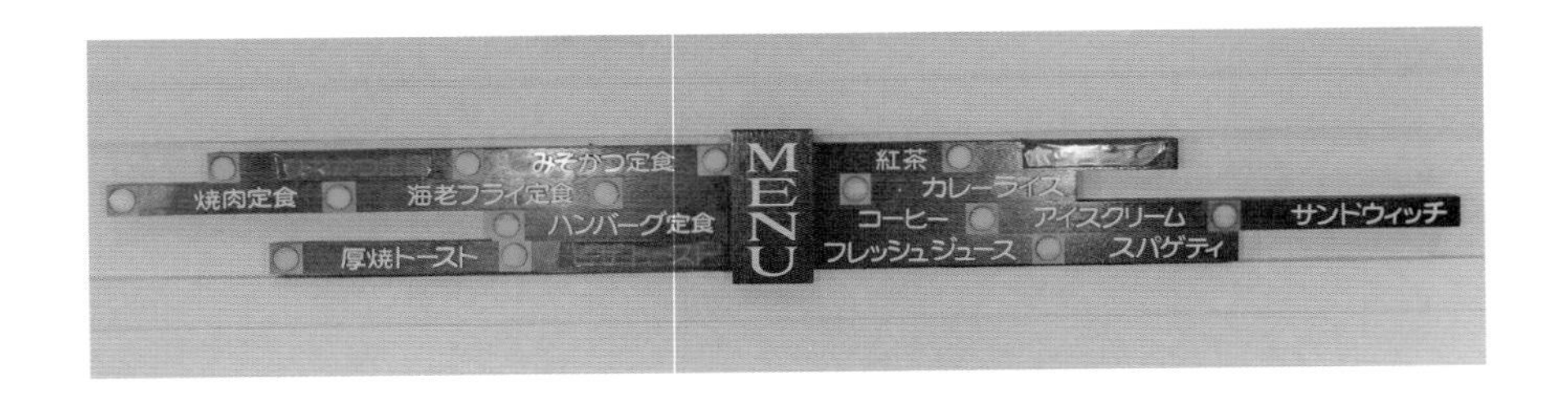

モーニング

右上にゆでたまご、右下にコーヒーカップ、左側にトーストと配置が決まっている。追加料金60円で小倉あんかいちごジャムをトッピングすることが可能。

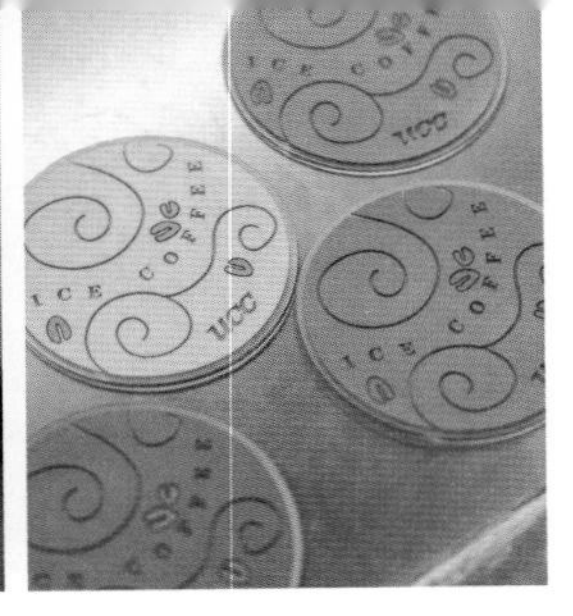

きしめん

麺は安城市にある「たつみ麺店」のものを使用。ランチどきだけでなく、朝から注文できるのがうれしい。

いか」というお父様の目論見は当たり、たちまち人気メニューとなりました。お父様から引き継いだ、かつおぶしとしょうゆだけのシンプルな出汁は、体中に染みわたる滋味深い味わいです。

名古屋はモーニング文化が盛んな街として知られます。時間帯を問わずどの喫茶店も賑わっていて、週末になると食事を作るという家事から解放されるために、朝から家族全員でモーニングを食べに行くことは珍しくない、という話を何度も耳にし

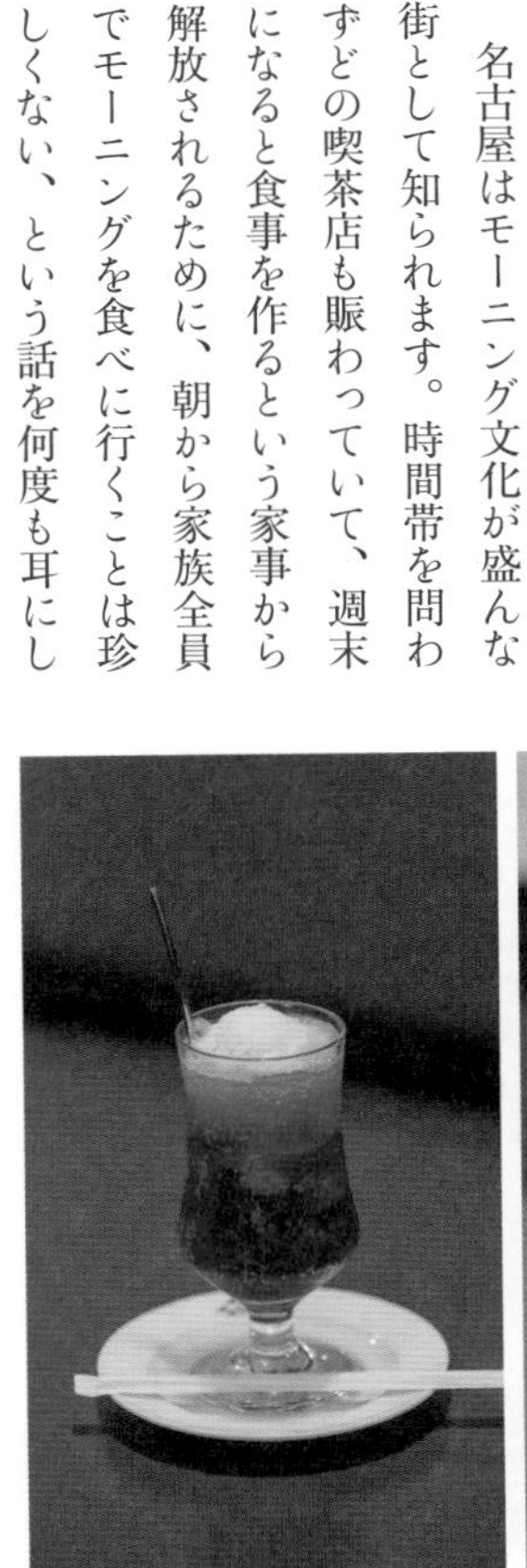

クリームソーダ

レモンスカッシュ

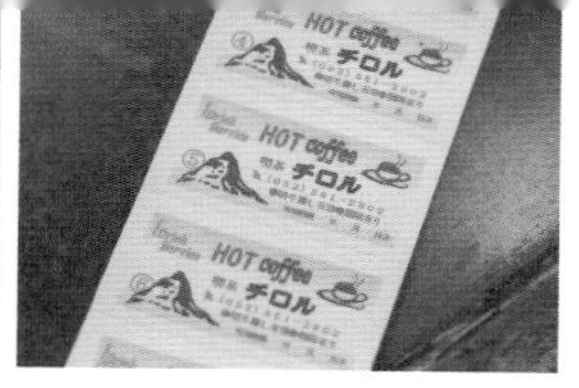

上）チロルの山が描かれたコーヒーチケット。
右）動作はしないものの、テーブルが懐かしのゲーム筐体の席も。

ました。「チロル」にもモーニングセットがあって、今では販売されていない銀色のプレートにコーヒーとトーストとゆでたまごがのせられ、テーブルに運ばれてきます。

　また、営業時間に特徴があって、ランチどきはどこのお店も稼ぎどきなのではないかと勝手に思い込んでいましたが、こちらでは11時から13時の間は中休みとしています。加藤さんはお一人で営業しているため、狭くはない店内が満席になってしまった場合、サラリーマンの貴重な昼休みが終わる時間までに提供が間に合わないかもしれないと懸念したことがその理由の一つです。

　幼い頃から両親がこの場所で働くのを見てその大変さを肌で感じ取っていたとしたら、絶対ではないにしても、自分の人生のどこかでいずれ引き継ぐであろうことはきっと意識

かうひい異名熟字一覧

「かうひい異名熟字一覧」。ニッカウヰスキーの瓶のラベルで知られる木版画家、奥山儀八郎の著作『珈琲遍歴』（四季社）の表紙裏にあった原本を復元したもの。

されたでしょう。その後約20年間、いろいろな葛藤を乗り越えながらも、現在こうして笑顔でお客様を迎え入れるという選択をして下さったことに敬意を払わざるを得ません。

営業することの大変さと、それでもお店を開けてくれることのありがたさ。店内に置かれたUCCから取引50年を記念して贈られたトロフィーを眺めながら、「次は100年ですね」と加藤さんと笑い合ったような時間がこれからも続いていくことを切望してしまうのです。

◎チロル

㊞愛知県名古屋市西区牛島町5-3
㊒名古屋市営地下鉄東山線「名古屋駅」より徒歩10分
㊖7:00～11:00、13:00～18:00
土8:00～14:30
㊡日・祝・振休
☎052-561-2802（予約可）

取引が50年以上ある店だけに贈られるUCCのトロフィー。「こういう喫茶店で50年以上取引があるのは、名古屋地区では数店だけ」と加藤さん。UCCとは開店当時からの付き合い。

会社を退職し、両親のお店を継ぐことに

牛島町
チロル

「チロル」という店名は、自分のスキーチームを持つほどスキーが好きだったお父様が、スキーヤーのメッカであるチロル地方にちなんで命名。所在地は現在と変わりませんが、かつては隣にお父様が経営するスキー専門店があり、喫茶店と共にお母様とお二人で切り盛りされていたそうです。

2005年にお父様が倒れてしまったことで、お店をお母様一人で回さないといけなくなってしまいます。当時サラリーマンをしていた加藤さんは、いろいろと考えた結果、翌年勤務していた会社を退職し、継ぐことを決意。料理をした経験がなかったため、日中は飲食業に特化した派遣会社で働きながら、調理師学校の夜間部に1年半通うことになりました。

そこで出会った人との縁で数カ月ほど喫茶店でノウハウを学びましたが、ほとんど独学といっていい状態で「チロル」の二代目となったそうです。

店内の壁に転写されたアルプスの景色。

ウエルカムな雰囲気のお店で味わう
懐かしのいちごジャムトースト

ジャムトースト

半分にカットされた2枚のトーストに、バターといちごジャムが塗られた一品。ふとした瞬間に食べたくなる懐かしの味。

ボーチカ

今までの経験から「いいお店だったなあ」と思うときは、たいてい常連さんたちが素敵であることが多いのです。自分たちが毎日行く場所だからこそ、大切にし、お店の人を尊重して過ごすのでしょう。一見の人たちも分け隔てなく温かく迎えて、粋にふるまう方たちに何度も出会ってきました。名古屋市中川区の荒子駅近くにある「ボーチカ」もそんな常連さんたちが集うお店です。

扉を開けた瞬間、花が咲くような笑顔で迎えて下さったのは鬼頭三枝子さん。「夕べ、寝られんかったよ。私、口下手だからどうやって話をしようかって。そうしたら子どもが『お母さん、ありのままの言葉でしゃべればいいんだよ』って。孫にも連絡して『本に載る』って言ったら、『おばあちゃんすごいなー、朗報ね』って」と、こちらが照れてしまうほどの歓迎ムード。お孫さんは三人、ひ孫さんは五人いらっしゃるという三枝子さんですが、とてもお若くパワ

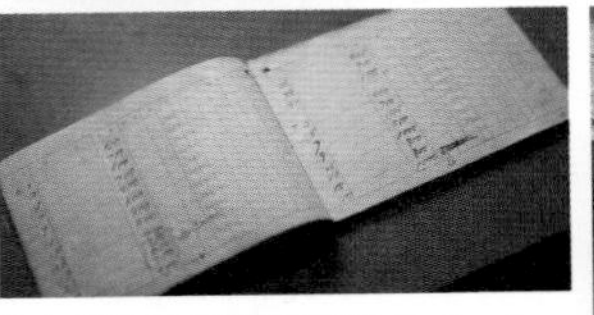

おしぼりの発注数を記したノート。数日おきに「700」「900」「1,000」と大量に発注していたことから、当時の盛況ぶりがうかがえる。

フルで、見ているだけで元気になれるような雰囲気に、緊張も一瞬で和らぎます。

「ボーチカ」はご自身が24歳のときに始めたお店だそう。オイルショックの影響でお祖父様が営んでいた鋳物屋を畳み、お父様からの提案で喫茶店を開くことになりました。三枝子さんが初めて喫茶店に入ったのは16歳のとき。その当時は「コーヒーってこんなに苦いのにおいしいのかなあ」と不思議だったとか。ところが、開店してみると朝から驚くほどの賑わいで、日に300人以上来客があることが日常だったそうです。三枝子さんの旦那様であるお店のマスターに、祖父母と二人の妹も手伝い、計六人で切り盛りしても目まぐるしい忙しさで、三枝子さんは一週間で8kg痩せてしまった

店内には若かりし日の三枝子さんの写真がさりげなく置いてある。

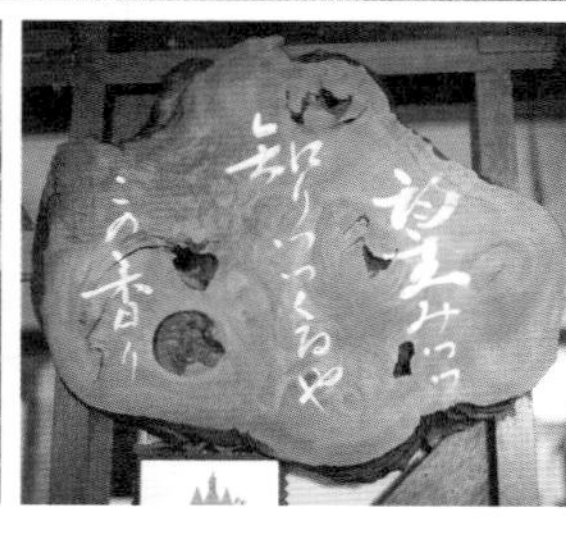

こともあったそう。

たくさんの喫茶店を訪れてきましたが、初めて出会った「ボーチカ（望知香）」という店名。ロシア語で「樽」を指す言葉で、お父様のご友人で自衛隊員だった方が仕事の関係で上富良野へ行ったときに、ある喫茶店に書かれていた「望みつつ知りつつ来るやこの香り」という言葉に感銘を受け、そこから取ったことが由来です。入口に飾られている立派な木の飾りは、昭和34年の伊勢湾台風で流れてきたヒノキを再利用したもので、この言葉が美しい書として刻まれています。

動物好きの三枝子さんは今までにいろいろなペットを飼っていたらしく、亡くなってしまったというフェレットの写真を一緒に眺めていたとき、「生あるものは死すっ

チョコレートサンデー

ソーダ水

コーヒーフロート

ていうけど、みんな私から去って行っちゃうのよ。寂しいよねぇ」と一瞬物憂げな表情に。「でも、そんなときに孫からＬＩＮＥが来るんだわ。『元気でやっとる?』って。家族の仲がよすぎてさぁ。お客さんもみんないい人ばっかりで、私幸せなんだわねぇ」とまた笑顔に戻るのでした。最近はお孫さんから「おばあちゃん、１５０歳まで生きて」と言われているそう。こちらへやってくるのを毎日の楽しみにしている常連さんたちも、一度でも三枝子さんと言葉を交わした人たちも、そう願っているに違いありません。もちろん私も。

◎ボーチカ

㊎愛知県名古屋市中川区
小塚町３６－２
㊍名古屋臨海高速鉄道
あおなみ線「荒子駅」より徒歩５分
㊞7:00～15:00
㊡日
☎090－8339－6764（予約不可）

お話を伺っている間にも、近隣に住むという常連さんたちがひっきりなしにやってきて食事をしたり、先にいらしていた方たちと楽しそうに談笑されていました。見慣れないであろう私たちに声を掛けてくださり、会話に混ぜてくれるという温かい気遣いも。

「今日撮影が来るってもんで、常連さんたちに集まってもらって朝からスタンバイしていたの」と三枝子さん。皆ニコニコと曇りのない表情でくつろいでいて、この空間を愛していることが一目でわかります。その中のお一人が発した、「ここにいると人間でいられる気がするんだよ」という言葉。それは、長い時間をかけて重ねてきた常連さんたちとの関係であり、ひとえに三枝子さんのお人柄ゆえのことでしょう。喫茶店という場所の持つ魅力は、最終的にはその一言に尽きるのかもしれません。

喫茶店という場所の持つ魅力

ランチメニューも豊富な「ボーチカ」。「そばめし」を食べながら新聞や漫画を読むのもまた楽しい。

column 1

純喫茶で楽しむ名古屋の味

日本のほぼ中央に位置する名古屋には、きしめん、味噌カツ、味噌煮込みうどんなどの個性的な食文化があります。そんな名古屋ならではの食事も楽しめる純喫茶をご紹介します。

イタリアンスパゲティー

ケチャップで味付けされたナポリタンと、その下に敷かれた卵焼きを絡めて食べるオーソドックスなイタリアンスパゲティ。

喫茶グロリヤ

— P.182 —

名古屋バヤシ
喫茶
マウンテン
―P.166―
ハヤシライスに赤味噌を入れた、まさに
名古屋ならではのオリジナルメニュー。
お肉もたっぷりで大満足。

イタリアンスパゲティ
(卵付き)
厚めのスキレットにのるケチャップ味の
スパゲティと半熟卵の組み合わせが絶
妙。麺はコシを楽しめる固めの仕上がり。
コーヒーハウス
パイカル
―P.70―

オープントースト
色とりどりのフルーツがついたぜいたくすぎるモーニングセット。トーストはたまごのほか、ツナ、ハムから選べる。
喫茶ツヅキ
—P.86—

イタリアン
スパゲティ
喫茶さくら
—P.160—
「喫茶さくら」の数種類あるスパゲティの中でも人気のメニュー。甘味と辛味が絶妙なソースがもちもちの太麺と絡み合う。

クリームソーダ

COFFEE ロビン

クリームソーダ

4色のクリームソーダ。赤がいちご、緑がメロン、青がブルーハワイ、黄がパイナップル。一番人気は昔ながらのメロンで、男性もよく飲まれるとか。

電車の始発時間から営業している日だまりのような喫茶店

勝手ながら、名古屋の親戚の家のようだと慕っている喫茶店があります。もう何度もお邪魔しているので、知り合った当初のことを忘れかけていましたが、記憶の糸を手繰ってみたところ、一通のメールをいただいたことがきっかけでした。そこには、「祖父が愛した古い喫茶店を今も家族で営業していますので是非一度お越しください」と丁寧な文章がつづられていて、皆で守ってきた場所を大切に思っていることをひしひしと感じ、すぐにでもお店に伺いたい、と思ったのでした。お店の名前は「珈琲家ロビン」。名古屋市中村区にある喫茶店です。

「ロビン」を形容する言葉で、真っ先に思いつくのが「朝の5時から営業している」ということ。名古屋にはモーニング文化があるため、比較的どのお店も開店時間が早いとは聞いたことがありますが、さすがに始発と変わらないくらいの時間からお客さんが来るのでしょうかと疑問に思っていました。しかし、起きてすぐ自分の家のリビング代わりにコーヒーを飲みに来たり、新聞を読みに来たり、出勤前のサラリーマンが寄ったりと、世の人たちは思ったよりも早起きのようです。

以前訪れたときには、赤と緑の2色だったクリームソーダに、パイナップル味の黄とブルーハワイ味の青が加わりました。増えたきっかけは、三代目である相原佑美さんの知人がクリームソーダ好きで、珍しいフレーバーがあったら飲みに行くという話を聞いて、お客さんが選べるようにもう少し種類があったほうがいいのではないかと思ったこと。「皆さん、クリームソーダが大好きですよね。子どもの頃飲んだことがあって〝思い出の味〟なのですかね」。

最近では、いろいろなジャンルのお店で見かけるようになりましたが、少し前までは喫茶店や百貨店のレストラン以外ではなかなか飲むことができなかったクリームソーダ。自宅で作ることもできま

使い込まれた風合いのカウンターテーブルと、革張りの背もたれのつやが美しい椅子。

すが、お店で飲むからこそおいしさが増すのかもしれません。

時折、SNSで初代マダムの田畑幸子さんの体調不良を知らせる投稿を見かけて心配になりますが、しばらくすると営業再開の文字を見つけてホッとします。この日も本当にやさしいお顔で笑ってくださってたくさんお話しすることができました。「幸せですよ。主人が亡くなってからも、こうしてみんなが手伝ってくれて」とご家族への感謝の言葉を口にされると、「お客さんと話すきっかけをいつもママが作ってくれる。何十年もやってきているから、『どちらからですか?』とか『お近くですか?』とか話しかけて、そこからワーッと話が広がって気がついたら1時間以上話している人もいますね」と二代目の相原満理子さん。佑美さんの愛娘、櫻さんを含む女性四名、いつもにこやかで賑やかで、「ロビン」に来るとただただ元気になるのです。

シックな内装に椅子やソファの真紅の座面が目を引く店内。

コーヒーを淹れてくれるのは初代マダムの幸子さん。

飲みもの一杯の値段で、驚くようなサービスがついてくるお店もあるが、「ロビン」のモーニングは、厚めのトースト、ゆでたまご、飲みものとシンプルな構成。

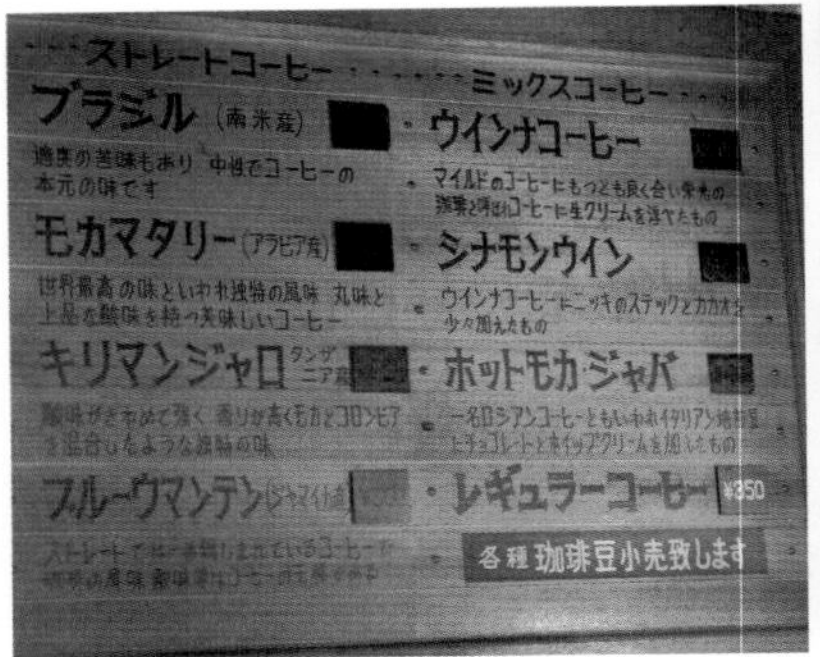

◎珈琲家ロビン

㊐愛知県名古屋市中村区寿町36
㋡名古屋市営地下鉄東山線「本陣駅」・桜通線「太閤通駅」より徒歩10分
㊒5:00〜15:00
㊡日・月
☎052-481-2329（予約不可）

夕暮れにはまだ少し早い西日の差し込む店内で、幸子さんの作ってくれた赤・緑・青・黄の4色のクリームソーダをカウンターに並べて、ソーダ水の泡がキラキラしている様子を「本当にきれいだねえ」とそこにいた全員でうっとり眺めていました。その瞬間は、間違いなく穏やかで、俯瞰で見ていたらそのはかなさに思わず涙が出てしまったかもしれません。あの美しい光景をこれからもずっと忘れないでしょう。そして、新たな記憶を増やすために、これからまた何度でも「ロビン」に通いたくなるのです。

四世代にわたって受け継がれるお店

コロナ禍もあって、数年ぶりに扉を開けましたが、そろって迎えてくれた幸子さん、満理子さん、佑美さん、櫻さんのやさしい笑顔は以前と変わらず。一つ驚いたのはまだ小さかった櫻さんがもう高校生になっていたこと。その頃から、この場所が大好きだという櫻さんの「おばあちゃんたちといる場所が好きだから私も継ぐ！」という言葉のかわいらしさにほほ笑ましい気持ちになっていましたが、今は自分でも喫茶店巡りをしていると聞いて、しみじみと時間の経過を感じるのでした。

櫻さんが小学校2年生のときに描いた「ロビン」の絵。生粋の昭和レトロ好きで、部屋にはブラウン管テレビがあり、カセットテープやビデオテープを愛用しているそう。

アイスの上にはココア味のクッキー
スマートなグラスに入ったクリームソーダ

「カラス」と名付けられた喫茶店に出会うのは二度目のことでした。一軒は千葉県の京成津田沼駅にある大きな窓が印象的なお店「珈琲屋 からす」で、もう一軒は名古屋駅と繁華街である栄の中間、伏見駅近くにあるこちらの「珈琲処 カラス」。

2017年に先代から受け継いで現在二代目を務める西脇美穂さん。先代のお父様はジュースの卸業勤務、「タヌキ」という居酒屋の経営を経て、現在の「カラス」を開きました。当時、美穂さんは違う仕事に就いていましたが、いずれは家業である喫茶店を継ぐつもりでいたそうです。喫茶修業のために勤めるはずだった料理店への採用が決まった矢先、お父様が倒れてしまい、お店は数カ月間休業します。急な出来事でいろいろと考えることも多かった中、「カラス」を継いだ美穂さんは休む暇なく働き、2023年で5年が経過しました。

「コロナ禍は少しつらかったなあ。でも

カラスのソーダフロート

店内で焼き上げているカラスの形のクッキーがのったクリームソーダ。ソーダの色は定番の緑のほか、青と赤の3色。

自家製珈琲ゼリー

一人でやっているけれど一人じゃない。みんなに助けてもらっているから」と、お話を伺っている間、美穂さんの口から何度も聞いたのは周りへの感謝の言葉。継いでから少し経って直面したコロナ禍という状況。美穂さんは「負けたくない」という気持ちから一日たりともお店を閉めませんでした。

コロナ禍前からここで開かれていた近所の高齢者の方たちが集まる会があり、その中のお一人が「10万円の支給をもらったけれど、使い道がないからお店のために使って。こういうふうに集まる場所があってとてもうれしいから」と全額寄付してくださったという驚きのエピソードも。例のない事態に対する向き合い方はそれぞれですが、お一人で暮らす方たちにとって「カラス」の灯りがともっていることはとても心強かったことでしょう。「ここへ来れば誰かがいる。誰かと話せる」という要素は喫茶店が持つ魅力の一つ。それは当たり前で

店内の所々にカラスをモチーフにした雑貨が飾られている。

はなく、自らその状況に身を置くことになって初めて実感するものだと思います。

今では地域になくてはならないオアシスとなっている「カラス」。美穂さんがここを継ごうと思ったきっかけも素敵でした。

「父がときどき入院していたとき、店の片付けに来て、残っているコーヒーを捨てちゃうのはもったいないなって思って、せっかくだから職場の人に飲んでもらおう、と勤めていた保育園に持参して。職員さん、給食室の方、用務員さんみんなで温めたコーヒーを飲んだら、その場が喫茶店になって（笑）。普段コーヒーをあまり飲

まない先生も『おいしい』って飲んでくれて。その光景がすごくいいなあって思ったんだよね」と、その場面を想像すると涙が出てしまいそうなほど美しいエピソードが。

美穂さんは「周りの人たちのおかげ」と謙遜されますが、「カラス」が周りの人たちから愛されているのは、ひとえに美穂さんのお人柄だと思っています。「この前、近所に住んでいる子がね、勢いよく入ってきたから『どうしたの〜?』って聞いたら『トイレ! トイレ!』って。自分の家もここも同じくらいの近さなのに(笑)。でもそうやって来てくれる場所であるのがうれしかった」。まだ数回しかお会いしていなくても感じる美穂さんの大らかさや深いやさしさ。「カラス」へやって来る人たちは、コーヒーを一杯飲むたびに、きっと店内に満ちている穏やかな空気も一緒に取り込んで、元気になって帰っていくのです。

あんトースト

テレビ番組「孤独のグルメ」でも紹介された人気メニュー。サクッとした食感のパンでたっぷりのあんとクリームをサンド。

カラス特製カレー

じっくり炒めた玉ねぎの甘さと絶妙に配合されたスパイス、牛すじの組み合わせがくせになるおいしさ。

◎**珈琲処 カラス**

㊮愛知県名古屋市中区栄1-12-2
㊒名古屋市営地下鉄東山線・鶴舞線「伏見駅」より徒歩5分
㊥8:00〜18:00
土・日・祝9:00〜17:00
㊡不定休
☎052−231−1563(予約不可)

おしぼりケースが客席を向いている理由

誰もが不安な気持ちを抱えていて、世界から人が消えてしまったかのようだった2020年の夏。毎朝のように来てくれていた会社員たちも在宅勤務になったのか、パッタリ顔を見せなくなったそう。そんな中、美穂さんを支えたのが近隣の常連さんたちでした。「カラス」のおしぼりケースが客席に向けられているのは、一人で切り盛りする美穂さんが何度もカウンターの外に出なくて済むように、常連さんたちは自分でおしぼりと水を取って席に座るから。

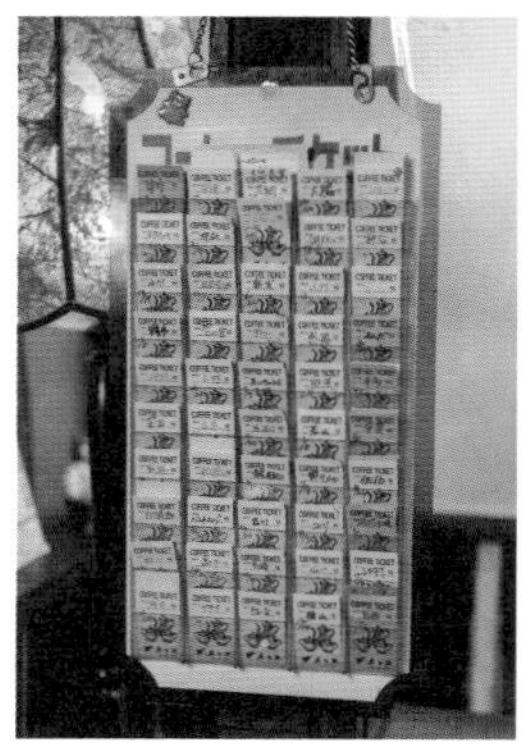

常連さんたちのコーヒーチケットの数々。ランチどきは一番手間のかからないメニューを注文するなど、美穂さんへの気遣いがあふれている。

パイカル

クリームソーダ　レトロなグラスに注がれたクリームソーダはメロンとイチゴの2種類。大容量のソーダにたっぷりのバニラアイスがうれしい。

創業当時から変わらない店内と
アイスクリームたっぷりのクリームソーダ

名古屋に来たら時間を作ってでも必ず寄りたい好きなお店が大須商店街にあって、隙間時間で周辺を散策することも多く、その落ち着いた外観が気になっていた喫茶店がありました。聞きなじみのない言葉で、店名の由来が想像できない「コーヒーハウス パイカル」です。

次々とやってくるお客さんの注文をこなす間にお話を聞かせてくださったのは、横井あけみさん。1960年、元々は旦那様のご両親が始めたお店でしたが、栄にあったケーキ屋で働いていたこともあった横井さんは、商売が苦手ではなかったようで、義父母が他界し、旦那様も体調を崩されたため、継ぐことになりました。それから40年以上が経ちます。

横井さんが「パイカル」へ嫁いだ頃、喫茶店が流行(はや)っており今に比べてお店の数がとても多かったそう。大須商店街で商売する人たちは、日に2回も3回も「パイカル」にやってきて、モーニングを食べたり、コーヒーを飲んだりしてくつろいでいました。「そんな時代だったから、私たちはコーヒーだけでやっ

ていけたけれど、今は飲みものだけではむずかしいでしょうね」と横井さん。

　気になっていた店名について尋ねてみると、「おじいちゃんが戦争で旧ソ連に行っていたんです。バイカル湖を見ながら『もう日本に帰りたい』と思っていたようで、戦争から帰ってきて、その風景を忘れないように『バイカル』と名付けたんです」。帰国したあと、義父の昌巳（まさみ）さんは英語が話せたためアメリカ村に出掛けることが多く、そこでもらったコーヒー豆がきっかけで喫茶店を開くことに。気象台に勤務し、ハイカラな方だったそうですが、お店の経営が得意だったのは祖母の貴美子さんだった様子。

　お話しして下さる最中もテキパキと手を休めない横井さん。喫茶業を営む人たちと話していて毎回尊敬の念を抱くのは、自分で何役

低い背もたれの籐椅子は特注品。横井さんの旦那様の弟さんが籐製品を扱っている会社に勤めていて、その縁で職人さんに作ってもらったそう。

もこなさないといけないところ。一般企業であればやるべきことは部署ごとに分かれていて、該当する業務を行えばいいのに対して、個人の飲食店では、接客、調理、清掃、経理、経営のすべてを一人でやる必要があります。その責任の重さは計り知れません。「こういう商売ってね、大変なんですよ。休みはないし、時間はないし、利幅は薄いし。この間もお客さんから言われましたよ。『一万円で頭何回さげにゃいかんかね』って（笑）。だから今、古い喫茶店を継ぐ人がいないの。お子さんがいても、小さい頃からその大変さを見ているから嫌がるんだって」。

それでも続けていく理由。それは単に生きていくための糧がそれだったから、なのかもしれません。しかし、大変だと知っていることを毎日続けられるというのは、根底に「好き」があるからではないでしょうか。「私はもう、これしかないと思っているからやっているけど。確かに大変だけど、仕事が嫌だと思ったことはないね。朝起きたら何をしよう

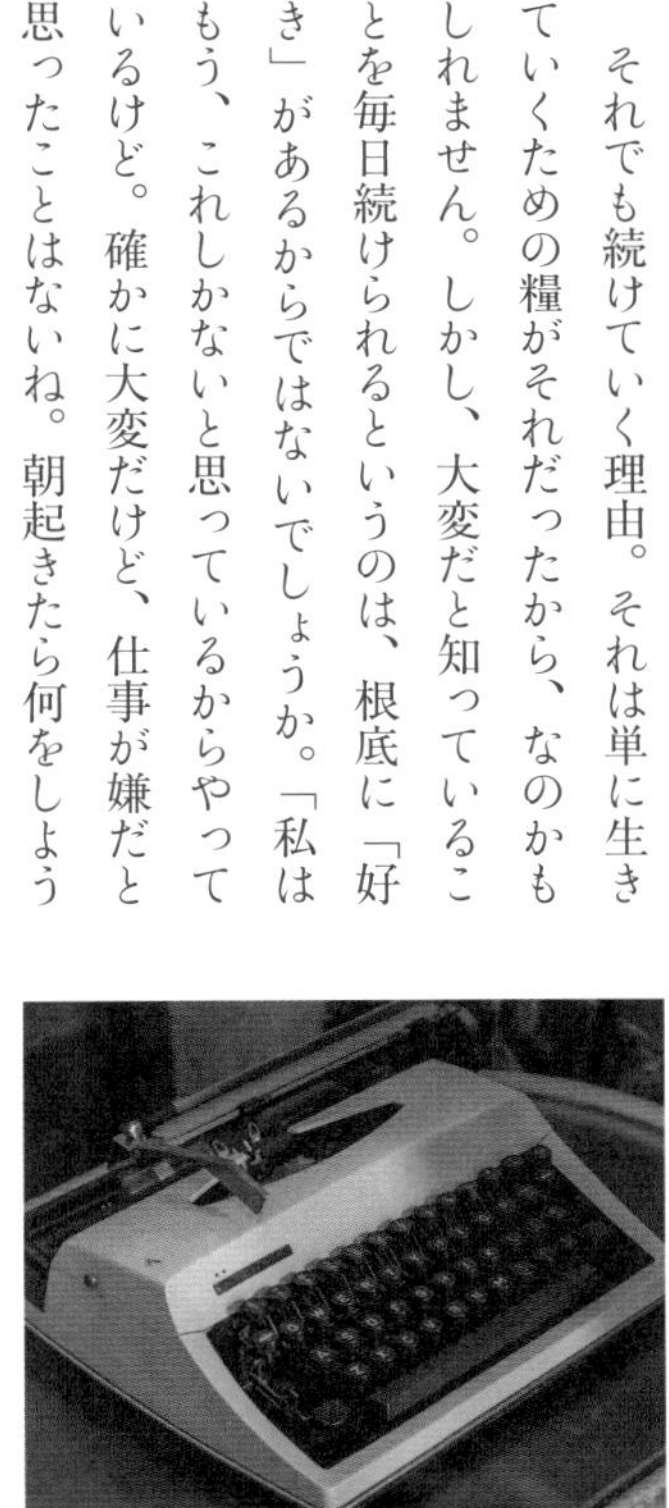
店内奥に置かれたタイプライターは昌巳さんが愛用していたもの。

アイスコーヒー

フルーツヨーグルト

かと考えるのも、全部喫茶店のこと。たぶん、仕事が好きなんでしょうね」と横井さん。

そんなふうに人生の多くの時間を占めることに対して、飽きずに情熱を注げるというのはなんて尊いことでしょう。「いつかはけりをつけないと、と思っているけど、動ける間は動きたいね。喫茶店という場所は人生のすべて」と笑う横井さんは美しく、その明るさが居心地の良さを作り出し、これからもたくさんの人たちを癒やすのです。

◎コーヒーハウス パイカル

㊒愛知県名古屋市中区大須２-８-33
㊎名古屋市営地下鉄鶴舞線
「大須観音駅」より徒歩３分
㊖9:00～18:00
㊡日
☎052−231−6960（予約不可）

食事メニューは赤だし付き

最初はコーヒーがメインだった「パイカル」ですが、今はサンドイッチにオムライス、カレーライスと食事メニューも充実しています。セットのサラダを赤だしの味噌汁に変更できるところに名古屋らしさを感じます。

ケチャップライスと卵がおいしい「オムライス（サラダ付）」。

「自家製カレーライス（サラダ付）」は素朴なおうちカレーの味わい。

クリームソーダ

うっとりするような空間で飲むことに幸せを感じるメニュー。
大切に引き継がれたグラスやスプーンも愛おしい。

真珠貝

趣ある店内で味わう
ノスタルジックなクリームソーダ

いろいろなタイプの喫茶店を知るようになってくると、一度は「自分が好きなように造るなら」と妄想したことがあるのではないでしょうか。

訪れてからしばらく頭から離れなかったのは、愛知県愛西市町方駅近くにある「真珠貝」。行ったことのある知人から話を聞いていた通り、車で向かう途中、塔のようなものが見えてきた瞬間に心を掴まれます。お城のような外観、塔の側面に大きく掲げられた「COFFEE」の文字、アーチを描く入口と窓枠。多角形に縁どられたガラスケースの中にはこの場所が生まれたときから時間を共にしているであろうメニューサンプル。そして、正面のガラス戸には貝の形をした店名が彫られたプレート。店内もまた胸がときめくセンスにあふれています。少し光沢のある天井、まるで無数のクラゲが水中を自由に泳ぎ回っているように見え

オレンジ色が広がる温かみのある店内。最初は壁は青く、天井は白い内装だったが、雨漏りなどで現在の色に。

るオレンジ色の照明たち、5月の新緑をあますことなく眺められる窓際の席、毎日やってくる人たちを温かく迎えるためのメンバーズチケット。こちらにいる間、ずっとソワソワして浮かれた気持ちでした。

　このうっとりしてしまう内装は、ずっと同じではなく何度か改装しているそう。現在の雰囲気になったのは45年ほど前で、旦那様が造ったこの空間を守っているのは、奥様の水野さんと娘さん。創業当時は外観が貝のような形をしていて、現在よりももっと天井が高く、内装も海をイメージする青と白の家具が並んでいたそうです。凝ったデザインでしたが、それが災いとなったのか、雨漏りが激しく、わずか5年で建て替えを検討することに。「一番初めは平屋建てで、屋根が壊れてきたときに店内に直に雨漏りしたから、次は2

貝を重ねたような天井の模様やクラゲのような形をした照明が往時の面影をしのばせる。高級感のある花柄の床も素敵。

階建てにした」と水野さん。インターネットやパソコンもなかった時代ゆえ、残念ながらその頃の写真は残っていないとのことです。

当時、「真珠貝」のある地域は田んぼと畑が多く、電気も通っていなくて夜になると真っ暗だったそう。辺りにまだ喫茶店はなく、「周りの人が集まれる場所を作ろう」と思い立ったことが開店のきっかけだったそうです。お父様の目論見は当たり、初めは500人くらいの来店を想定していたところ、初日は何と1500人もの方がいらっしゃったとか。近隣の住民のみならず、オープンを心待ちにしていた人たちが遠方からもやってきて、入店を待つ行列が途切れなかったそうです。

「みんな車で来るから、足りなくなったらそこの空き地も駐車場にしようと思っていたけど、そうする必

要もなくなっちゃった。この辺りだけで4、5軒の喫茶店が次々とできてしまって。今はもう常連さんだけでもっているようなもので、コーヒーかモーニングしか出ない。朝は7時から営業しているけれど、昼の13時にはもう閉めちゃう」とのことなので、行かれるときは時間にご注意を。

　取材時、水野さんは81歳を過ぎたとお聞きしましたが、とてもお元気です。訪れる人たちと会話したり、笑ったり、店内を歩いたりと、接客という仕事は運動にもなりますし、何より毎日誰かと交流することが活力になるのでしょう。「新しい店に行くのは嫌って言う人もおるでね。みんな集まってお話がしたいんでしょう。いいことも悪いことも、家の中のことも」と、常連さんたちを見守るような気持ちで迎え入れてい

トーストとゆでたまご、ホットコーヒーに豆菓子のついたシンプルなメニュー。

真珠貝

らっしゃいました。毎朝のようにやってきて定位置に座って過ごす常連さんが数日姿を見せないと、病気かしらと心配になるそうです。

朝日の中で飲んだコーヒーのカップに印字されていた「ShinjuGai」というロゴを眺めながら、これからもまだ知らない土地に足を運んでこういう時間を少しでも増やしていけたなら、と強く思うのでした。

◎真珠貝

所愛知県愛西市町方町十二城51-2
行名古屋鉄道尾西線「町方駅」より徒歩5分
営7:00〜13:00
休水
☎0567-26-5367（予約不可）

column 2

マッチコレクション

禁煙、または分煙のお店が増え、それとともにマッチが置いてあるところも減った昨今。より希少な存在となったオリジナルのマッチ箱にはお店の個性が詰まっています。店名の字体やイラストなど、眺めているだけで楽しくなります。

喫茶アミー ｜ P.172

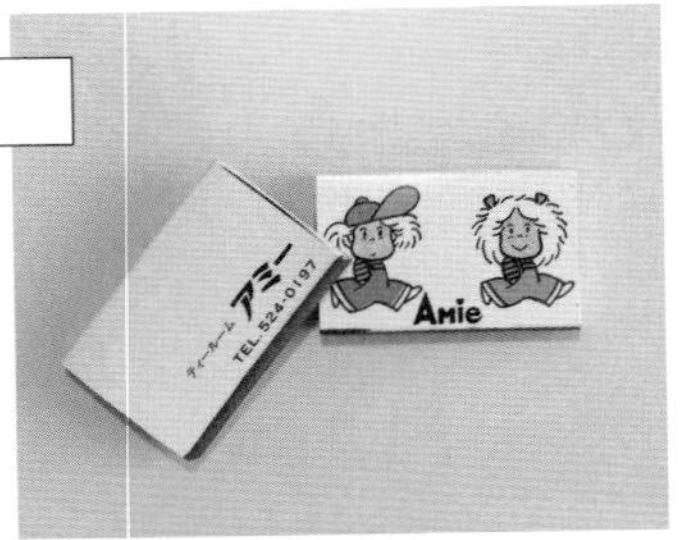

服の色が対になったキャラクターがかわいいマッチ。レトロでポップなタッチがお店の雰囲気によく合う。(×)

珈琲処 カラス ｜ P.64

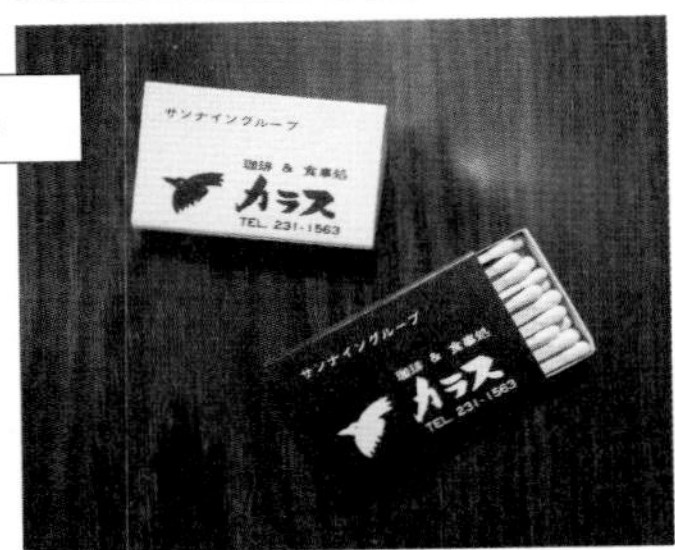

カラスの色を再現したようなマッチ。箱の表面は黒地に白、裏面には白地に黒でお店の情報が書かれている。(○)

葡瑠梵（ブルボン） ｜ P.200

コーヒーミルのイラストにお店のロゴが配されたシンプルなデザイン。手描き風の囲み枠がおしゃれ。(○)

喫茶呂門 ｜ P.126

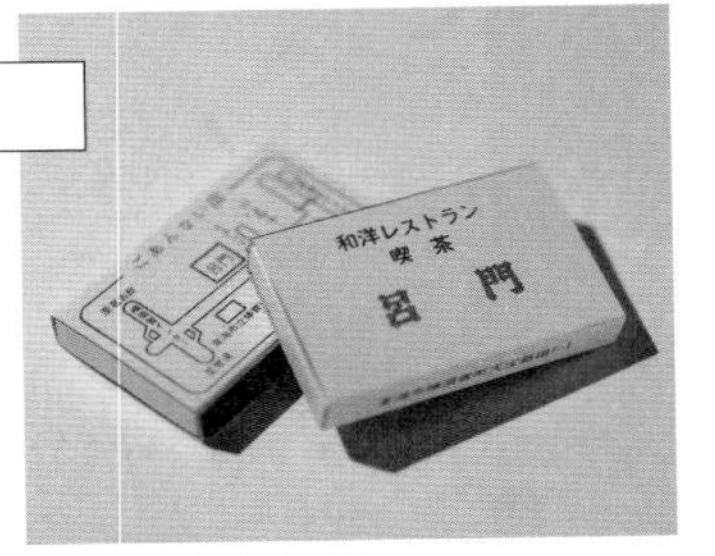

白地にゴールドで店名が書かれたかっこいいデザイン。裏面の「ごあんない図」が歴史を感じさせる。(○)

※マッチの配布状況：(○) 在庫がある限り配布中。(×) 配布なし。

コンパル大須本店 ｜ P.6

写真のコーヒーの花のほか、風景などさまざまな種類があったそう。裏面の手描きのロゴも目を引く。(×)

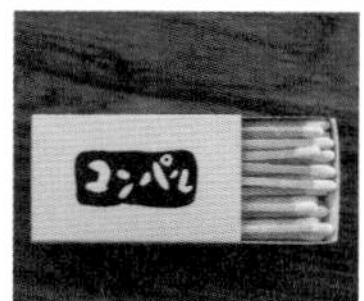

チロル ｜ P.42

店名の由来であるアルプス山脈の険しい山肌が版画調に描かれたマッチ。裏面のデザインもかっこいい。(×)

珈琲にしき ｜ P.36

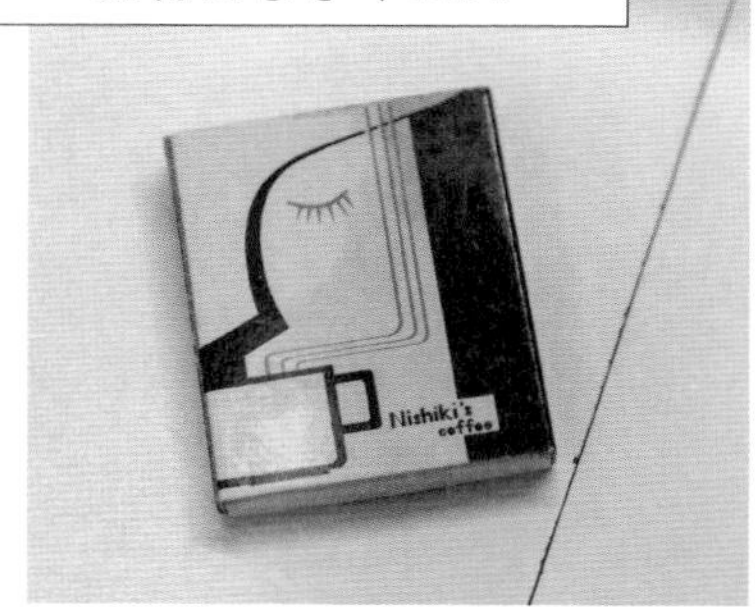

女性の顔をモチーフにした巧みな曲線が特徴的なマッチ。ブラウン、オレンジの色使いもおしゃれ。(×)

マリーヌ ｜ P.132

2022年に国内生産終了となった貴重なブックマッチ。「Maline」の「M」が「♡」になったデザインがかわいらしい。(×)

ワールド | P.98

「WORLD」の「W」を中央にあしらったロゴマークのようなデザイン。赤茶色の地に黄色の文字のバランスがいい。(○)

ボーチカ | P.48

ランプのイラストはマスターが描いたもの。スペースいっぱいを使った裏面のデザインも素敵。(○)

珈琲家 ロビン | P.58

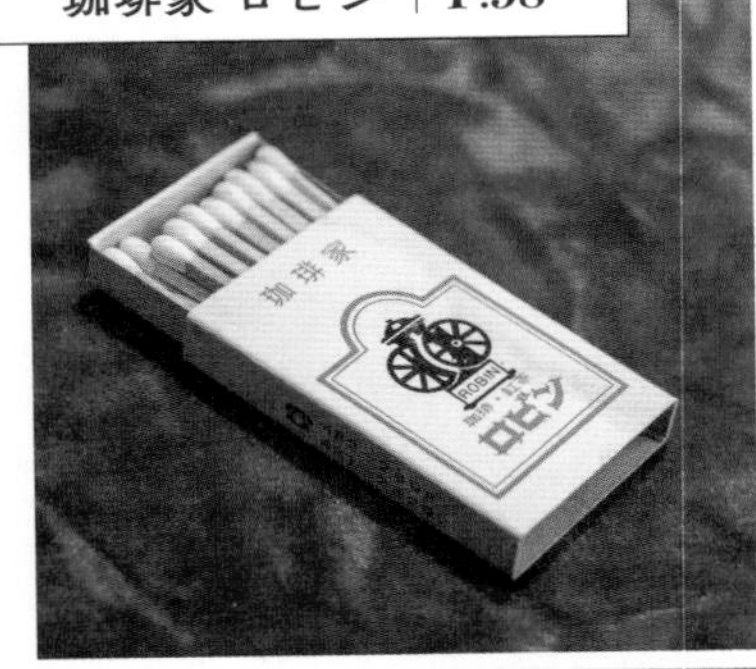

カフェ・オ・レのようなベージュカラーとロビンの書体がおしゃれ。開店当初からのもので今では貴重品。(×)

喫茶 新潟 | P.92

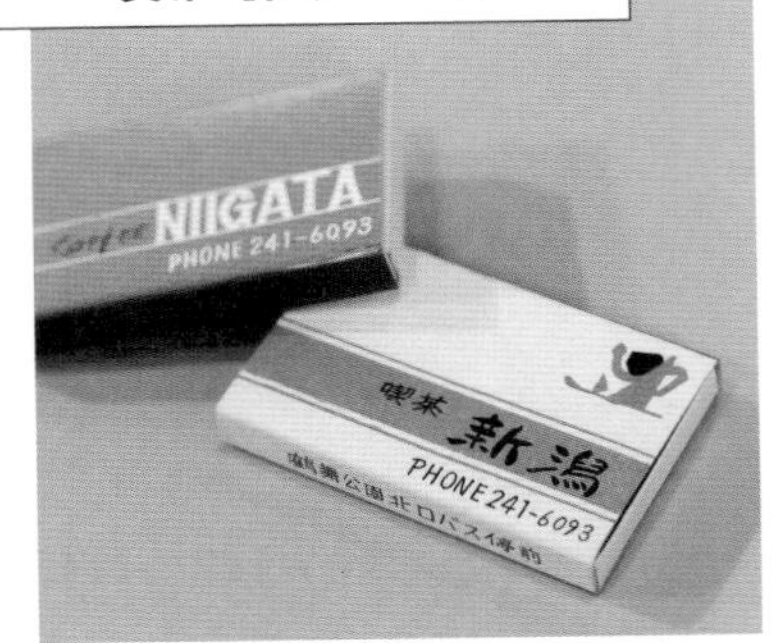

味のある漢字表記の表面と洒脱(しゃだつ)なローマ字表記の裏面。印象が違うデザインで、何度もひっくり返したくなる。(○)

パフェ／あんみつ／フルーツサンド

喫茶ツヅキ

プリンパフェ

プリンに季節の果物と３種のアイス、オレオとポッキーが一度に味わえる。1日4食の限定メニュー。

〝脚立パフォーマンス〟だけじゃない ビッグなプリンパフェのあるお店

喫茶ツヅキ

「世界のフルーツパーラ」「ユニークなコーヒーを日夜研究するコーヒー野郎の店」というキャッチコピーが書かれた看板につい目を引かれてしまう、太閤通駅（旧名・中村区役所駅）近くの「喫茶ツヅキ」。

「元々はまんじゅう屋だったそうですが、レストランに変わって、さらに僕の父親である二代目のときから喫茶店を追求するようになったんです。コーヒーの自家焙煎（ばいせん）はその頃から行っていて、フルーツパーラーになったのはその後です」と話してくださったのは、笑顔の爽やかな三代目の都築秀紀さん。

ところで、喫茶店でくつろいでいるときに、脚立を抱えたお店の人が店内を頻繁に行き来するという光景を見かけたことはあるでしょうか？　こちらで日常的に目にするその様子こそ、「ツヅキ」を訪れる人たちの楽しみでもあるのです。

大体どの喫茶店にもある温かいカフェ・オ・レですが、ここでしかお目にかかれな

店内はまるで南国にやってきたかのような華やかな雰囲気。100円ショップで購入した材料で自作したという鮮やかな造花や観葉植物が至るところに飾られている。

い特別なサービスがあります。それは、二つのポットを手にした秀紀さんが脚立に乗り、頭が天井についてしまいそうなほどの高さから、テーブルに置いたカップ目掛けて、勢いよくコーヒーとミルクを注いでくれるというもの。

40年ほど前、二代目の憲幸さんが銀座の喫茶店「和蘭豆（ランズ）」を訪れたとき、そこでのカフェ・オ・レの淹れ方に感銘を受けて、「ツヅキ」でも取り入れたそう。当初は床に立った状態で淹れていましたが、10年ほど前から現在の高さに。「お客さんに『すごい！すごい！』と言われて、まだいけるのではないかと思って、まずは二段の脚立に。そして、五段になりました（笑）」と秀紀さん。

琥珀（こはく）色と乳白色、二つの水流が混ざり合う圧巻のパフォーマンスは、インパクトのためだけに行われているのではなく、きちんとした理由もあるのです。高いところから注ぐことによって、カップに落ちるまでにミルクが空気を含み、味わいがまろやか

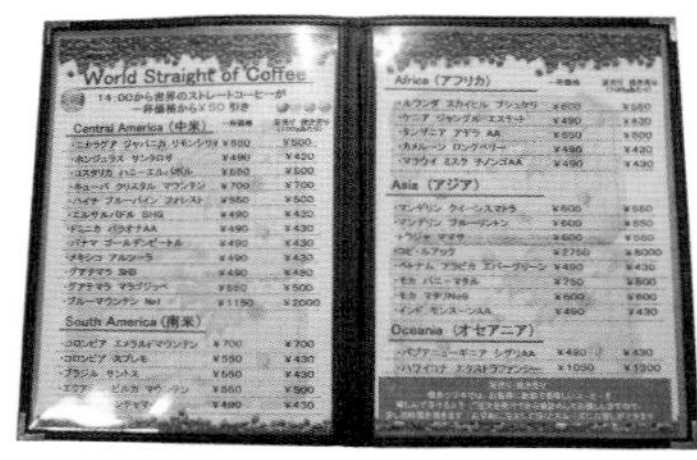

カフェ・オーレ

3mの高さからコーヒーとミルクが注がれる看板メニュー。

に。以前は1mの高さだったのが、現在は3m。空気の量も3倍になり、フワフワになったと評判です。「楽しさを追求してみたら、おいしさもついてきた」とは何て素敵なアイデアでしょう!

かつては憲幸さんがお店にいるときの限定メニューでしたが、パフォーマンスを楽しみにやってきた人たちが注文できず、残念そうにしている様子を見て、今では秀紀さんがいる日も可能になったそう。「試しにやってみたら、父よりもうまくできて(笑)。遺伝的なものなのかもしれません」と意外な才能が花開きました。

まるで滝のようにカップに流れ落ち、水面を美しく満たしながらも周囲には飛び散らない。コツは「ひたすら集中すること」だそう。着席して眺めるコースのほか、脚立の下に潜り込んで眺める臨場感のあるコースも人気。

憲幸さんがサービスを始めた頃の写真。

看板メニューゆえに多くの人が注文し、日に数えきれないくらいの回数パフォーマンスを行っているにもかかわらず、注文した方一人ひとりにきちんとお声掛けして、毎回同じ熱量を心掛けているという誠実さ。「元々は混んでいることがあまりない店だったのですが、メディアで特集されていろいろな人たちに来てもらえるようになって、ありがたいという気持ちからです」と、控えめな秀紀さんのお人柄もきっと人気の理由の一つ。

味や見栄えも大切ですが、「訪れてくれた人たちを笑顔にしたい」というお店の方たちの思いがあるからこそ、長い間愛されているのでしょう。「おなかと時間に余裕をもっていらしてくださいね」という言葉を胸に、新しい体験をぜひ。

◎喫茶ツヅキ

㊫愛知県名古屋市中村区
太閤通６-１ツヅキビル２F
㊔名古屋市営地下鉄桜通線
「太閤通駅」より徒歩８分
㊪7:30～18:00（L.O.17:00）
㊡水・不定休
☎052-482-0001（予約不可）

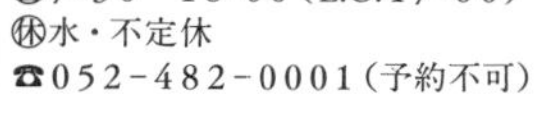

“喫茶店あるある”から生まれた「アイスウインナーコーヒー」

運んでいる途中で倒れてしまわないかと手に汗握るタワーのような「アイスウインナーコーヒー」も「ツヅキ」の魅力の一つ。秀紀さんがあまいものを好む友人に、冗談で尋常ではない生クリームを盛って出したところ、友人のリアクションがよかったことから誕生したメニューだそうです。一人で完食するのはむずかしいのではと思ってしまうほどの大きさですが、注文する人たちは事前情報を得ているため、意外にも残す人はほとんどいないそう。常連さんや友人とのちょっとしたやり取りからそれまでになかった商品が作られ、その後看板メニューとなることは、“喫茶店あるある”です。

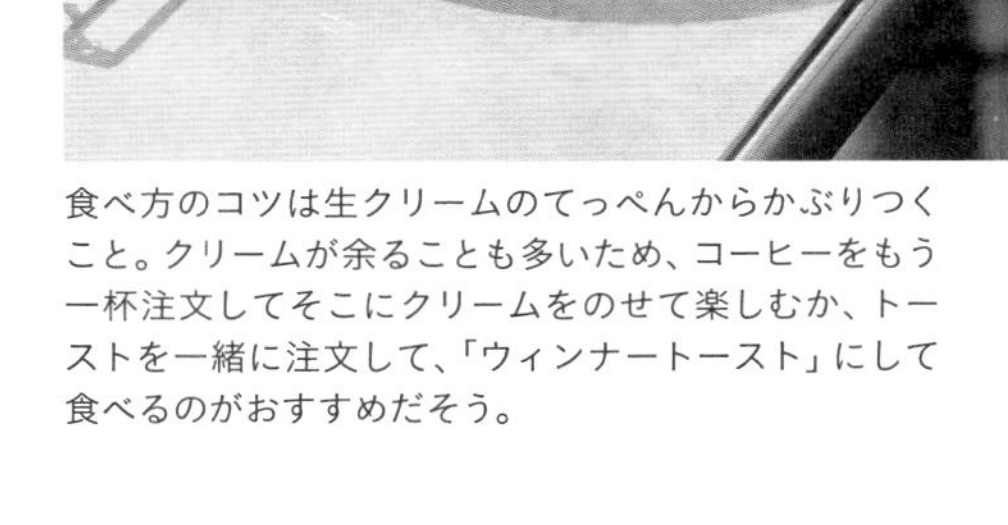

食べ方のコツは生クリームのてっぺんからかぶりつくこと。クリームが余ることも多いため、コーヒーをもう一杯注文してそこにクリームをのせて楽しむか、トーストを一緒に注文して、「ウィンナートースト」にして食べるのがおすすめだそう。

「置いて手を離したら僕の仕事は終わりなので、2秒で倒れようと自己責任」と笑う秀紀さん。

新潟

あんみつ　寒天にリンゴ、バナナなどのたっぷりのフルーツと生クリームがのった素朴な味わいのあんみつ。ガラスの器と皿が美しい彩りを際立たせる。

人にも猫にも居心地のいい空間で
フルーツたっぷりのあんみつを

純喫茶が多数生まれた昭和の時代、まだ見ぬ遠い国に憧れたのでしょうか、異国の名前がついたお店と何度も出会ってきました。たとえば、「パリ」「ブラジル」「フロリダ」「ケルン」「リスボン」「マイアミ」。どうしてその国を選んだのか、いつもその理由を聞いてみたくなります。さらに興味深いのは、稀にある国内のほかの都市の名前をつけたお店のこと。はたして店主に縁のある場所なのでしょうか。以前から気になっていた名古屋市鶴舞駅近くにある喫茶店の命名の真相を知るべく、足を運んできました。

「新潟から出てきた人が名前に釣られて入ってきますよ」と教えて下さったのは、店主の小坂松雄さん。以前、新潟のテレビ局が取材に来たこともあったそう。「両親が

新潟出身だから、それで」と疑問はあっさり解決。確かに、自分の生まれた故郷の文字が掲げられていたら、思わず入ってしまうでしょう。小坂さんが生まれたのはこのビルの2階。1952年にたばこ屋と喫茶店を同時に開店。当時はお菓子や和菓子も売っていたそうで、新潟から名物の笹団子を取り寄せていたこともあるそうです。

　真四角ではなく少し変わった形の店内は、オレンジ色のチューリップランプ、チョコレート色の革張りのソファ、ゲーム筐体（きょうたい）に白いレースのカーテンと、美しいものばかりで構成されています。創業当時からそのままの状態を保っているのだろうと思っていたのですが、1974年にもらい火事に遭い、一度建て

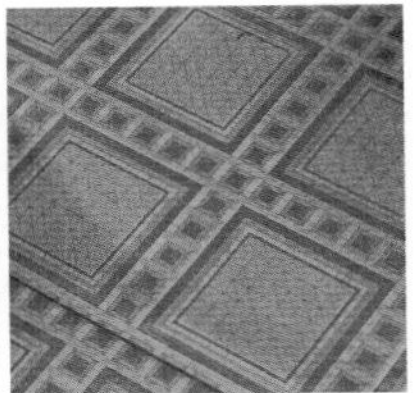

花柄の壁紙、格子柄の床、テーブル型のゲームの筐体と、店内の至るところに郷愁を感じさせるものが。

替えをしているそう。当時、小坂さんは20歳。学生時代からお店の手伝いはしていたものの、創業者であるお父様が亡くなり、本格的に後を継ぐことになりました。コーヒーは好きでも、どこかで修業したわけではなかったという小坂さん。ビルの建て替えに伴い、ほかの業種にする選択肢もあったのかもしれませんが、選んだのはご両親と同じく喫茶店でした。

最初のうちは、食事メニューはサンドイッチやトーストなどのパン類だけだったそうですが、お客さんからのリクエストに応える形でだんだん増えていったそう。メニュー表を眺めてみると、焼肉定食、ハンバーグライス、カレーうどんにピラフと食べたいものが必ず見つか

左）三角形の折り上げ天井に下がるきらびやかなシャンデリア。
右）カウンターに並ぶチューリップライト。高度成長期の職人技が光る。

フルーツクリーム

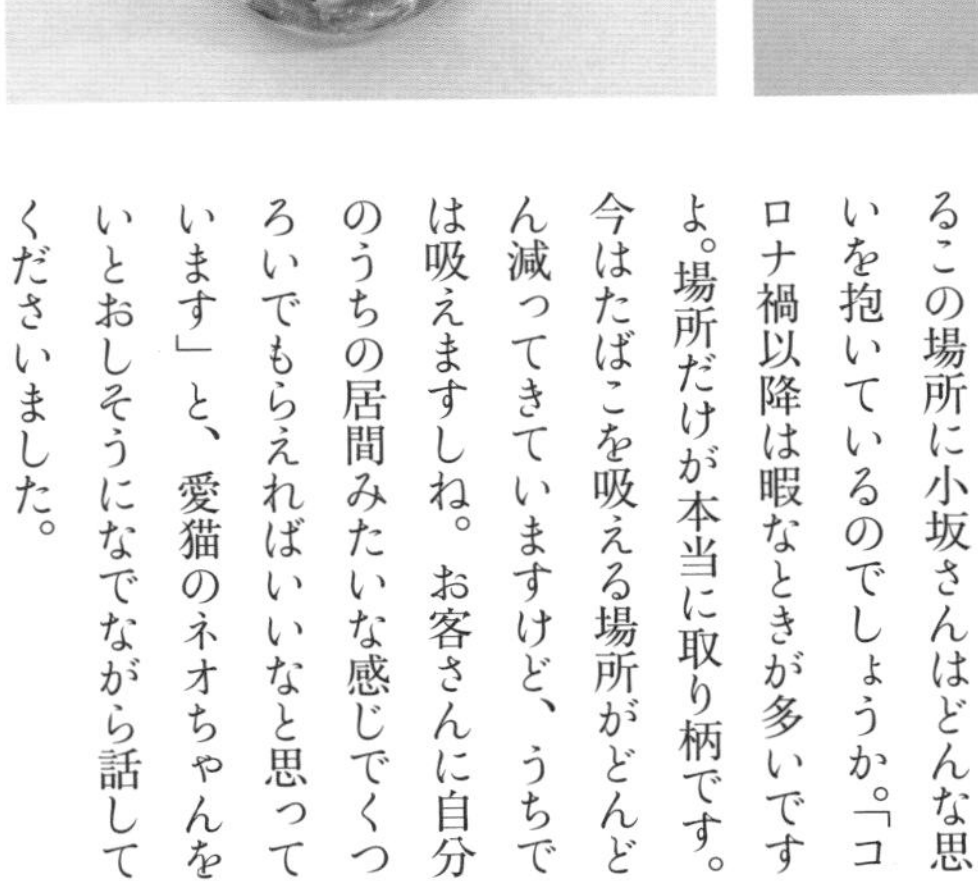

アイスティー

抹茶ウィンナー

るほど豊富なメニュー数です。気になったのは「他人丼」。中身を聞いてみると、牛丼の卵とじだそう。「何でも屋ですよ」とサラリとしている小坂さんですが、和菓子を売っていた頃の名残であんみつやみつまめも食べられる幅広さです。

　生まれてからずっと過ごしているこの場所に小坂さんはどんな思いを抱いているのでしょうか。「コロナ禍以降は暇なときが多いですよ。場所だけが本当に取り柄です。今はたばこを吸える場所がどんどん減ってきていますけど、うちでは吸えますしね。お客さんに自分のうちの居間みたいな感じでくつろいでもらえればいいなと思っています」と、愛猫のネオちゃんをいとおしそうになでながら話してくださいました。

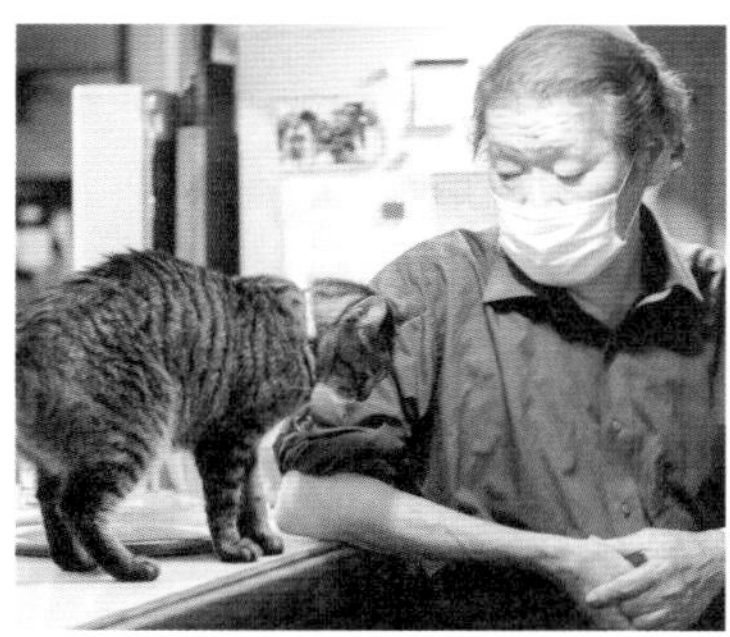

照れ屋であまり人に懐かないというネオちゃん。小坂さんの隣ではすっかりくつろいでいる様子。好物は茶碗蒸しと卵豆腐だそう。

たまたま居合わせたお客さんの一人にお話を伺ったところ、つい最近こちらの近くに引っ越してきたばかりで、味わいのある空間を気に入って再訪問したところだったそう。居心地のいい空間は、人にとっても猫にとっても同じで、気がついたらフラリと向かってしまう、そんな場所であるのかもしれません。

◎喫茶 新潟

所愛知県名古屋市中区千代田5-22-38
行JR東海中央線・名古屋市営地下鉄鶴舞線「鶴舞駅」より徒歩1分
営7:00〜19:00
休日・祝
☎052−241−6093（予約可）

「ロイヤル」の名にふさわしい
芸術的なフルーツパフェ

パフェロイヤル

たっぷりのアイスの上に、きれいにカットされたパイナップル、スイカ、オレンジ、リンゴ、バナナ、サクランボなどのフルーツがアートのように盛られている。シロップのグラデーションが美しい。

ワールド

どれだけ願ってもかなわないことがあります。それは、喫茶文化が最も栄えていて、次から次へと新しいお店が生まれていた時代にタイムスリップして、時間もお金も気にしないで一軒でも多くの喫茶店を巡ること。ひょっとしたらはるか遠い未来にそんなことが可能になるかもしれませんが、現状は白昼夢の中で勝手に空想するしかないのです。

「オープンの日はあいにく台風だったんだけど、1日1000人以上来たの。300個以上注文した開店記念の粗品もすぐに足らなくなった。バブルの最高にいい時だったからね」。そんな話を聞くたびに、心の中で悶絶(もんぜつ)しながらその時の様子に想像を巡らせます。そんなにもたくさんの人々を動かした熱狂的な感情とはどんな気持ちなのだろう。新しくできたお店の内装を見てどんなことを考えたのだろう……。大賑わいだった当時、駐車場には常に万国旗が飾られていて、とても華やかな光景だったそう

あまいもののみならず、食事メニューにも力を入れているようで、迷ってしまうほどの品数はこれでも以前よりは減ったとのこと。

です。往時のことを勝手に考えては、決して自分が体験できないという事実に胸が苦しくなるのです。

「ワールド」でお話を聞かせてくださったのは杉野伸一さん。「前だったら忙しくてこういう取材を受けられなかったけど、今は落ち着いていることと、母親がやっていた洋裁学校のことが本に載ったから、うちのことも記録しておいてもいいのかなと思って」と今回の取材を快諾してくださった経緯を教えてくださいました。

1979年創業の「ワールド」。伸一さんの叔父にあたる方が不動産業を営んでいた関係で、この場所で喫茶店を開く計画が生まれます。料理はある程度経験がありましたが、コーヒーについてはほぼ独学で学ばれたそう。奥様の美都子さんは、「洋裁学校の家に嫁いだつもりだったから、喫茶店で働くことになるとは思っていなかった（笑）」と当時を振

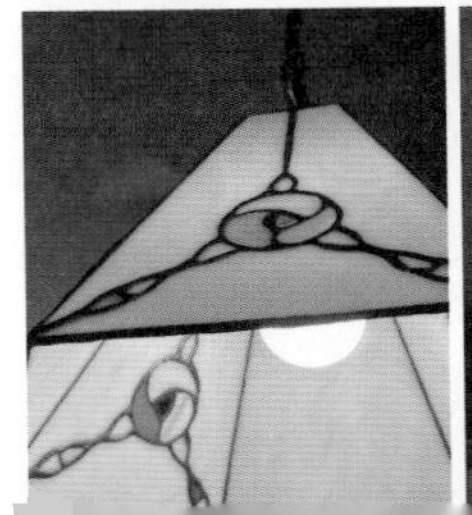

り返ってくださいました。

「ワールド」では、品質の良いものたちをそろえ、選び抜いて、食器や厨房機器も選び抜いています。取材時に見せて下さった道具たちは、どれも使い込まれて味わい深くなっていますが、決して古びた感じはなく、壊れたりもしていません。「最初にお金をかけたもんで。今同じようにやろうと思ったら、たぶん無理。腰掛けの仕事ではまったくやれないと思う」と、伸一さんが「ワールド」創業に人生をかけた強い思いが伝わってきます。

注文したパフェは圧巻のボリューム。一人前とは思えないほど種類豊富なフルーツがこれでもかというほどグラスを飾り、テーブルに運ばれてきたときは思わず目を見開いてしまったほど。「大変だからあんまり作りたくないんだよなあ（笑）」と冗談を言いますが、近くのテーブルに居た小さいお子さんが、満足そうにパフェを食べている様子を見る伸一さんは、とてもう

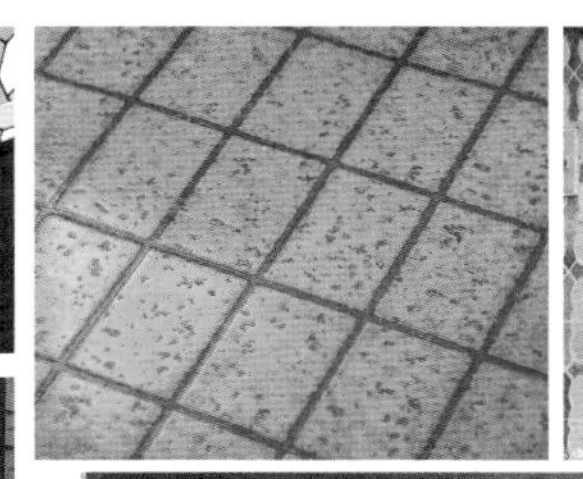

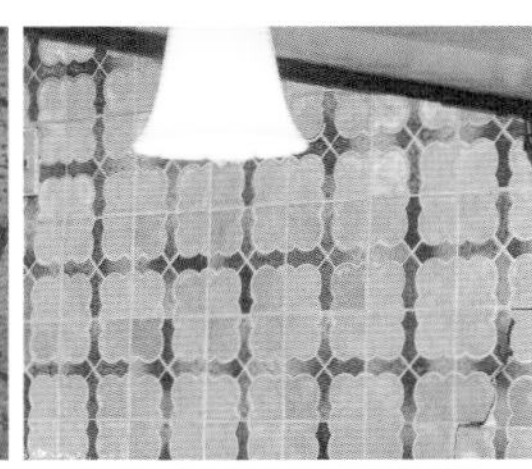

洋裁学校の名残である絹ミシン糸を収めたケース。その上にはマスターが10代からやっていたというアマチュア無線機。

ドリンク各種

「ミルクセーキ」に、オレンジをたっぷり絞った「生オレンジジュース」、ぶとう果汁に砂糖と水を加えた「グレープエード」など、ドリンク類も豊富にそろう。グラスを載せた皿も素敵。

クリームあんみつ豆

寒天にアイスとあずき、たくさんのフルーツが入ったぜいたくなあんみつ。

喫茶好きなら思わず欲しくなってしまう、今では手に入らない美しいグラス。

れしそうなのでした。

何かを尋ねるとその数倍もの興味深いエピソードを教えてくださる伸一さんと美都子さん。その中から、自宅でも試すことのできる豆知識を一つ。「バナナジュースに黄色のレモンシロップを入れると、きれいなバナナ色になる。甘みもつくし、ちょっとした酸味が加わっていい。これは誰も知らないよ」。おいしい品々を食べるだけでも幸せな時間を過ごせますが、もしタイミングよく混み合っていない時間帯に訪れることができたなら、そんなやり取りをしてみるのもいい思い出になるのではないでしょうか。

◎ワールド

㊎愛知県津島市
宇治町城118－1
㊐名古屋鉄道津島線
「勝幡駅」より徒歩19分
㊒8:00～17:00
㊡月
☎0567－24－4768（予約可）

店名「ワールド」の由来

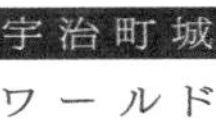

ワールド

「ワールド」のある場所は元々宇治町という住所だったため、店名を決める際に、開店のきっかけを作った叔父さんから「喫茶宇治」という店名にしてはどうかと提案されました。でも、伸一さんはそれを拒みます。

その頃、周りにあった喫茶店の名前には「スイス」「アメリカン」「ブラジル」などが多かったそうで、伸一さんの一存で「ワールド」と名付けたそう。各国をすべて包括するような、という願いを込めたのかと勝手に思っていたのですが、電話帳の「わ」行の最初に載るからいいだろうという考えからだそうです。のちに「ワーゲン」という名前のお店ができて、先頭を奪われてしまったという笑い話も。

下のカウンターテーブルに合わせ、L字型の曲線になっている天井部分。垂直方向にも滑らかなカーブを描いている。

アイデア豊富なマダムが作る
ショートケーキのような
フルーツサンド

フルーツサンド

六つの長方形にカットしたパンに生クリームを絞り、キウイ、サクランボ、パイナップルをバランスよく盛り付けたフルーツサンド。かじってみるとバナナと生クリーム、チョコレートがチラリ。

サンモリー

「当時は会社に勤めていても結婚したら寿退社をするのが当たり前の時代でね。辞めたあとの仕事として、女性でも比較的始めやすかったのが喫茶店だったの」。そう話してくださったのは、名古屋市中村区岩塚駅近くにある「喫茶サンモリー」の森本明美さん。店名は、明美さんの名字から一文字取り、「森さん」をひっくり返して名付けたそう。

豆の卸売りをしている会社で開かれていた講座でコーヒーの淹れ方などを学んでから、ここの土地を購入して1978年7月にオープン。「今、喫茶店をやろうとしたら、もっと広くないとむずかしいし、駐車場もないと厳しいでしょうね。でもたまたま父がクリームの卸の仕事をしていて近い世界にいたから知識もあったし、コーヒーの点て方さえわかれば。何年も修業するわけではないけれど、既定がないから自分だけのオリジナルを作らないといけなかった」と、開店してから半年は明美さんお一人で切り盛りし、その後会社を退職したご主人の良典さんが合流して、食

事や飲みものの調理を行うようになりました。メニュー表を見るとその数に驚くのと同時に、キュートなルックスのあまいものたちが勢ぞろいで、おなかの空き具合も考えなければと思いつつ、つい目移りしてたくさん注文したくなってしまうのです。

開店当時、お客さんは明治生まれの女性が多かったそうで、モーニングを食べてコーヒーを飲んで、と彼女たちの憩いの場所となっていたそう。昨今はＳＮＳの影響もあり、クリームソーダをはじめとする、昔からある純喫茶のあまいものたちが若い世代に人気になっています。

「40年以上前からずっとあるのにね(笑)。喫茶店という場所は、経営している人にしてみれば、ただ生活のための働く場所なので、珍しくないから驚いているんだけど。でも長いことやっていると、時代の流れとか年代、目線が変わって流行(はや)りのサイクルがまた回ってくるんですね」

フルーツソーダ

テーブルに運ばれてきたら、誰もがきっと顔をほころばせてしまうはず。喫茶店で定番のメロンソーダの中に、何種類もの果物を浮かべている。

と、時代によってもてはやされるものが変わっていくことに少し戸惑いつつも、いろいろな年代の人たちが入り混じる店内をほほ笑ましく思っているそうです。

「これまでに4回のピンチがあった」そうで、それは、時代に出遅れてしまったこと、コーヒーチェーン店が主流になったこと、コンビニエンスストアのコーヒーが進化を遂げたこと、若い世代が来ない時期があったこと。「アイデアってフワッとしているときには何も浮かばなくて、どうにかしないと！って、ピンチのときに浮かんでくるの」と、お二人で営むお店にしては多すぎるほどのメニューは、当時からこれだけの数があったわけではなく、毎日考えて、良いものを採用しているうちに少しずつ増えていったのだとか。

友人からの年賀状にあった「継続は力なり」という言葉を見たときに、明美さんは「ああ、長くやっているというだけ

フルーツムース

サマージュース

アイスクリームクレープ

クレープ生地は市販のものを使用せず、お店でまとめて焼いて冷凍している。

店を切り盛りする森下明美さん（右）と、夫で調理担当の良典さん（左）。

でも力になっていって、それを商いっていうんだな」と腑に落ちたそう。その地点に到達する前に挫折してしまう人も多い中、残っていくということは、並大抵ではないさまざまなことを乗り越えてきているのでしょう。そうして続けてきた人たちが、頂上に立つのかもしれません。喫茶店で聞く料理の工夫やちょっとした知恵は、お店の経営だけに適用されるのではなく、暮らしに役立つヒントがたくさん含まれているのです。

◎喫茶サンモリー

㊟愛知県名古屋市中村区
五反城町1-28-2
㊔名古屋市営地下鉄東山線
「岩塚駅」より徒歩6分
㊎6:00～18:00
㊡水
☎052-412-3105（予約可）

手巻き寿司をヒントにした「手巻きサンドセット」

マダムのアイデアはいろいろなメニューに活かされています。手巻き寿司から着想を得たという「手巻きサンドセット」は、パン、ツナサラダ、たまごサラダ、野菜、ハムが別々になっていて、好きな具材を選んでパンに挟んで食べるスタイル。好みの組み合わせを作る楽しさがあります。食材に無駄が出ないように、パンはいろいろなメニューに使えるものを選んで仕入れているそう。

column 3

喫茶空間に華を添える芸術作品

芸術作品を鑑賞できるのも純喫茶の魅力の一つ。空間に設えられた絵画や彫刻、大切に扱われてきた食器など、店内で過ごす時間をより豊かにしてくれます。

— P.18 —

名古屋に本社があるノリタケや大倉陶園のアンティークカップが並ぶ店内は、ギャラリーのようなたたずまい。

昭和の美人画家として一世を風靡（ふうび）した洋画家、東郷青児。彼の絵があることでまるで別荘に来たような気分が味わえる。

シェルボン
— P.120 —

中2階の高さまである壁紙はアラビアをモチーフとしたもの。重厚な石壁や皮張りのソファとも調和している。

珈琲専門店 蘭
— P.138 —

絵画

店内のインテリアを考案するマダムの友人が買い付けたフランスの女性画家、ソロンジュ・ジャケの絵画。白壁に映える鮮やかな色使い。

マリーヌ
— P.132 —

浮き彫り

中2階の天井に施された35枚の浮き彫りは圧巻の眺め。店内にはほかにも数多くの絵画が飾られている。

珈琲エーデルワイス
— P.188 —

ケーキ／ホットケーキ

創業当時からの思いが込められた
色とりどりのケーキたち

ケーキ各種

人気ベスト5の「マロン」「ボンボン生ロール」「サバラン」「ロイヤルチーズ」「渋皮モンブラン」。常時30種類のケーキができたてで味わえる。

ボンボン

名古屋旅行をした友人からもらうと最もうれしいお土産は、「ボンボン」の焼き菓子かもしれません。誰かに渡したときもパッケージや包装を目にした瞬間に、「あっ、『ボンボン』だ」と言われるほどの知名度と人気です。

1949年創業、「いいものをお値打ちで」をモットーに、厳選した素材で作られる手ごろな価格のお菓子は今もたくさんの人たちに愛されています。洋菓子販売のほか、隣接している喫茶室の趣も素晴らしく、日中は満席になることも。暖かな色合いの家具は、時間を重ねたその落ち着きにホッとします。

ほかの地域には出店していないため、こちらに足を運ばないと買えなかった焼き菓子を催事で購入できるようにしたり、創業70周年を機に企業とコラボレーションしたグッズを販売したりと、今までになかった風を吹かせたのは、創業者を祖父に持つ岩間浩衣さん姉妹でした。これまでもずっと

喫茶室や製菓工場などの業務に関わっていたそうですが、新しく取り入れたことがいくつもあるそうです。昔ながらのやり方を守り続けることももちろん大切ですが、自分たちが生み出している素敵なものをもっとたくさんの人に知ってほしいと願うとき、従来までとは違った方法が必要になるのかもしれません。

「もちろん、うちは洋菓子屋だっていうのは忘れちゃいけないんですけど、今までやったことのなかった雑貨にお菓子を詰めて売る企画は楽しかったです」と浩衣さん。世の中には、アート作品のような美しいフォルムのケーキたちもたくさん販売されていますが、「ボンボン」は気軽においしいものが食べられるような庶民的なケーキ屋でありたい、というのがお店の願い。初代から受け継がれてきた大切な思いを込めて作ら

店内の壁には、昭和42年に火事で全焼する前の店舗、昭和42年のメニュー表、新聞記事など、創業以来の歴史を伝える資料が貼られている。

れるケーキたちは、種類も豊富で、ガラスケースに並んでいる様子は、手が届く宝箱のようです。

二つ三つと買っても財布にやさしい価格は、いいものをお値打ちで販売したいという創業当初よりの思いから。箱を開けたとき、いろいろなケーキがたくさん入っている様子を想像すると顔がほころびます。

三世代、四世代にわたって愛されている理由は、「昔からのものは昔からのものとして大切にしながら、洋菓子には季節感を取り入れつつ続けていく」からなのでしょう。ケーキや焼き菓子の味、喫茶室の内装も、一朝一夕でできるものではなく、長年積み重ねた時間や努力があってのもの。「ボンボン」が

シャンデリアがある華やかな店内。ビビッドカラーのソファは張り替えを重ね、長年にわたって使われ続けている。

レモンエード(ホット)

好きと言ってくれる人たちに応えたい、というお店の思いは、きっと訪れる人たちに伝わっていることでしょう。生まれたときからこの場所のいろいろな姿を見てきたからこそ、かゆいところに手が届くような気遣いができ、たとえば、車が止めやすいように改良した駐車場など、すぐには気が付かないようなところにももてなしの気持ちが注がれているのです。

「次は77周年のお祝いができたら」とおっしゃっていましたが、現在のままの信念で続けていかれる限り、あっという間に100周年を迎えて、これからも多くの人たちに愛されていくことでしょう。サバランの上のドレンチェリーみたいなツヤツヤの赤い椅子に腰掛けて、いつまでも「ボンボン」のおいしいケーキをほおばっていたいのです。

◎洋菓子・喫茶ボンボン

㊞愛知県名古屋市東区泉2-1-22
㊒名古屋市営地下鉄桜通線「高岳駅」より徒歩5分
㊟8:00〜21:00
㊡無休
☎［喫茶部］052-931-0571
［販売部］052-931-0442(ケーキの予約のみ可)

もらってうれしい「ボンボン」のお土産

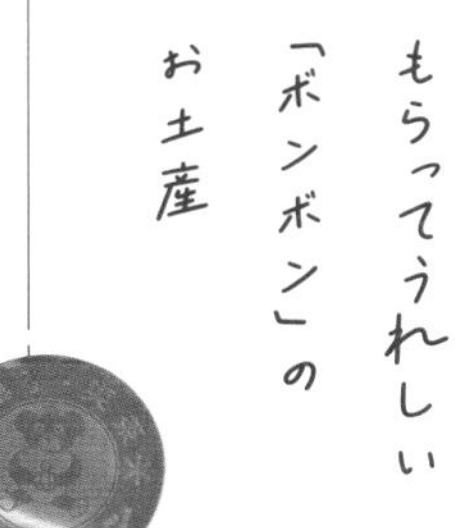

「ボンボン」のシンボルマークともいえるクマのイラスト。浩衣さんのお母様が小学3年生のときに描いたもので、その計算されていないかわいさがたまりません。クマが手に持っているのはお店一番人気の「マロン」。「ボンボン」ではこのクマのイラストをモチーフにした焼き菓子やオリジナルグッズを販売しています。

【こぐま】

焼き菓子の「こぐま」はウォルナッツ、アールグレイ、抹茶の3種類。

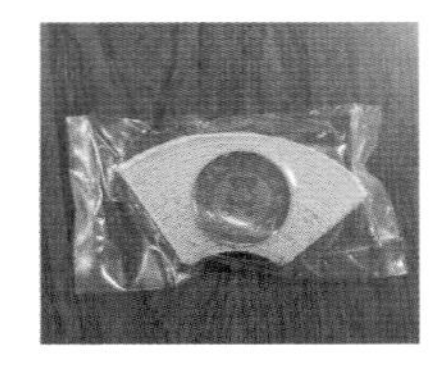

【バームクーヘン】

昔から受け継がれてきた製法で一層一層じっくり焼き上げられている。

【巾着袋】

コットンリネンの巾着袋。中はバームクーヘン、「こぐま」、サブレ2枚の詰め合わせ。

【アマンド娘】

風味豊かなフレッシュバターと香ばしいアーモンドを使った焼き菓子。

【ペルチクス】

シナモン風味のクッキー。

【サブレ】

プレーンの生地にアーモンドを入れて焼き上げた、バニラ風味の「バニラサブレ」（左）と、チョコレートとアーモンドが入った「チョコサブレ」（右）。＊包装は撮影当時（2022年1月）のもの。

CHERBON

今までに何度か出会ったことのある特徴的な形をした「シェルボン」の建物は、「カナディアンハウス」と呼ぶらしく、調べたところによると、「屋根と壁面が連続した一体のものとなるゴシックアーチ型の独特の構造を持つ木造建築の様式」を指すそうで、本来は、樹齢３００年ほどのカナダ産のシダーなどの集成材を用いて建てられ、風雪に対する耐久性や断熱性が優れているそうです。

閉店を知ったときはとても残念だった静岡県焼津の「真珠苑」、今も営業している千葉県勝浦の「シーダー」、東京都京王永山の「カナディアンコーヒーショップ」ほか、出会うたびにその建築の素晴らしさに心弾ませてきました。

喫茶天国の愛知県の中でもモーニング発祥の地として知られる一宮。飲みもの一杯分の価格で、またはそれに少

モーニング発祥の地といわれる
一宮で味わう
マスターの手作りケーキ

ケーキ各種

プリン、シフォンケーキ、チーズケーキ、ロールケーキの4種。マスターの山本さんが日々心を込めて作っている。

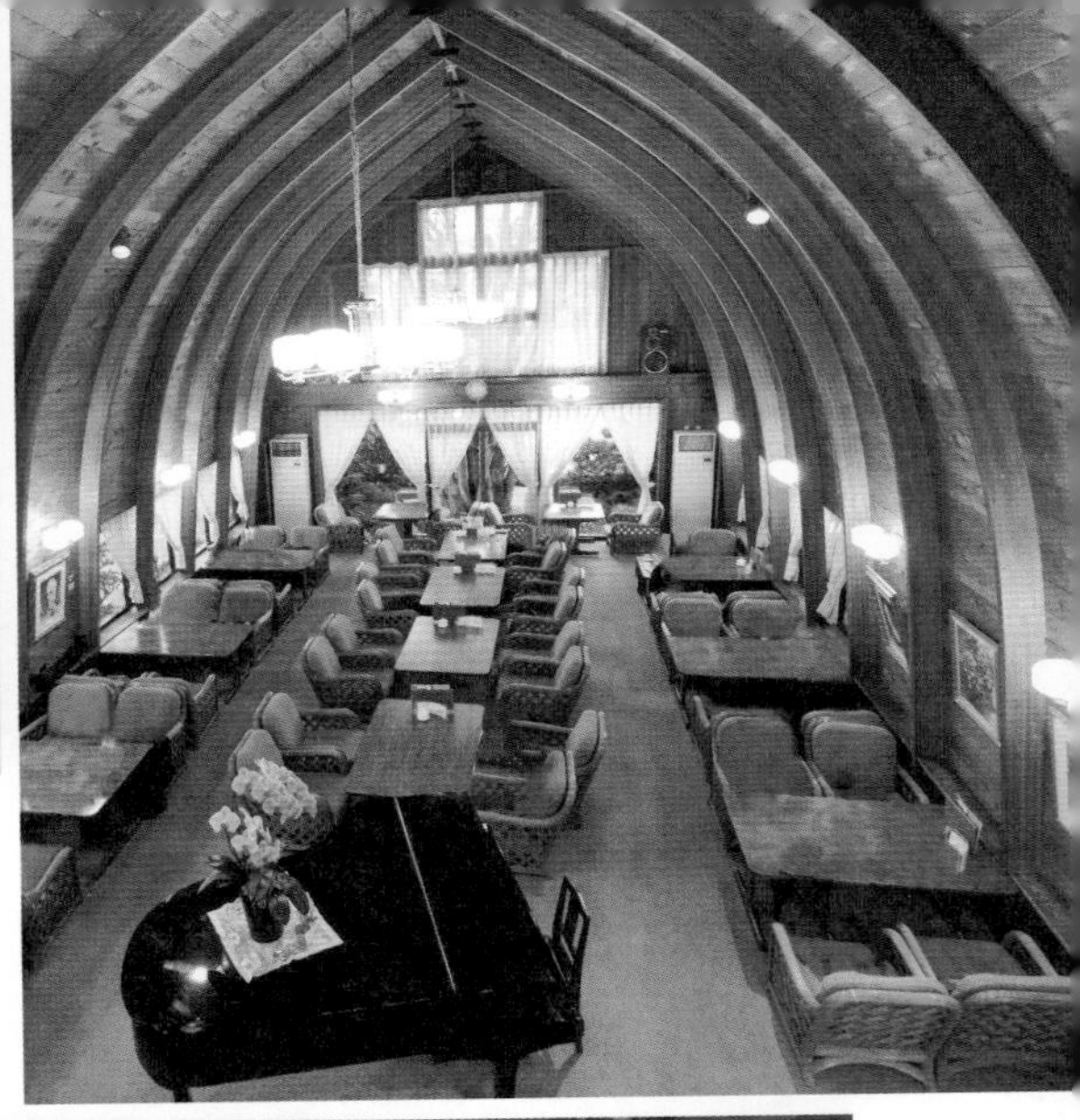

上）壁の高い位置に設置されたスピーカー。いつか、この空間に響き渡る旋律を耳にしてみたい。
右）店内中央に置かれたグランドピアノ。週に2回ほど行われる生演奏は、コロナ禍で来店数が減ったとき、つながりのあった方に依頼して始めたサービスとのこと。

し加算するだけで、トーストやゆでたまご、ピーナッツなどがついてくることが一般的ですが、進化を遂げたお店では、茶碗蒸しやフルーツ盛り合わせ、さらに、名古屋出身の知人によると、鍋焼きうどんがついてくるお店もあったそう。元々は常連さんへのお礼の気持ちとして、1956年に始まったそうですが、そのサービス精神は今も続いているのです。

　今回お邪魔した「シェルボン」もそうでした。入口までのアプローチに元気に生い茂る植物、解放感のある高い天井、ゆったりとした席の間とおそらく特注品であろうひじ掛けのある椅子、さりげなく壁に掛けられている東郷青児の絵画など、目に映るすべての調度品が洗練され

独特の曲線のシルエットが美しい屋根裏。外に対しては風や雪などの過酷な自然から屋内を守り、内にいる人間には安らぎを与えてくれる。

ています。

「この建物自体はもう50年以上前からあるんです。縁あって私が携わるようになったのは17、8年前くらい。以前も喫茶店だったので、家具や雑貨はその当時のまま使っています」と話してくださったのは、かつても飲食関係の仕事に就いていていシェフだったこともあるという山本幸治さん。前のオーナーの趣味だったという東郷青児の絵画や、「シェルボン」という店名もそのまま引き継いだそう。山本さんが調べたところによると、「正解かはわかりませんが」と前置きした上で、おそらくフランス語で「最愛」を意味する「chéri/chérie」と、「良い」を意味する「bon」を掛け合わせてつけたのではな

いかとのこと。
　ゆったりとした1階席も落ち着きますが、特別感のある2階席も気になります。平日でも1階が満席になったら開放されるそう。
　モーニングの文化は、もちろん「シェルボン」でも楽しむことができます。飲みものを注文して待っていたら、運ばれてきたのは、思わず声を上げてしまうほど美しく盛り付けられた四つの料理。さらに、午後2時からは4種類の中から選べるケーキまでついてきます。「このお店の雰囲気にできるだけ合うように、ケーキにしました。私が20歳くらいの頃、この辺りでは喫茶店が最盛期だったんです。けれど、その波も徐々に落ち着き出して、どうにかしないといけないなということで、お昼からもちょっと何かつけようかと思って始めたんです。うちだけで

モーニング

スリムなプレートに、厚切りトースト、サンドイッチ、オムレツ、サラダ、カットされたオレンジが並ぶ。それぞれ食べやすいサイズなのもうれしい。

オムレツサンド

アイスキャラメルフレーバーラテ

はなく、ほかの喫茶店も色々工夫を凝らしていて面白いですよ」と山本さん。

そんな話を伺って考えたのは、「一回の朝で何食のモーニングを食べられるだろうか」という計画。せっかく一宮に足を運ぶなら、モーニングをはしごしてみるのも楽しいかもしれません。

◎**シェルボン**

㊫愛知県一宮市篭屋3-9-17
㊔名古屋鉄道尾西線「開明駅」より徒歩18分
尾西自動車学校向かい
㊥8:00〜17:00　日・祝8:00〜16:00
㊡火
☎0586−46−1072（予約可）

バスクチーズケーキ

店内で焼き上げるバスク風のチーズケーキ。外側の香ばしさと中の濃厚なクリームチーズの味わいが絶品。手作りジャムがつくことも。

両親から受け継いだ店で始めた新メニューのバスクチーズケーキ

それまで縁がなかったにもかかわらず、喫茶店が連れてきてくれた街がたくさんあります。何げなく生活していたら、通過しているだけで下車したことのない駅はいくつもあって、その先へは行ったことがないということは多いでしょう。普段の行動範囲でもそうですが、頻繁には足を運べない旅先ではなおさらです。愛知県東海市、尾張横須賀駅の近くにある「喫茶呂門」との出会いも、喫茶店が持つ力を強く感じた出来事でした。

真四角でも長方形でもなく、ひと言では言い表せない形をした外観は、視界に入った瞬間にグッときます。外からは中の様子がわかりにくいですが、扉を開けて入ってみると店内はスッキリとした雰囲気です。ひと際目を引くのは、店内の一角に飾られている一台のオートバイ。こちらの持ち主は、現在二代目として「呂門」を守っている桑山さんです。「この場所は、両親が始める前も喫茶店だったみたいですが、かなり改装されているのでもうオリジナルみたいなものですね。父が体

喫茶呂門

木製の白いテーブルと黒い革張りのソファがバランスよく配置された店内。

調を崩してしまって、母が一人でやっていくのは厳しくなったので」と、以前から両親の手伝いでお店に立ってはいたものの、ほかの企業に勤務していた桑山さんが退職し、本格的に継ぐことになりました。今までに出会ったことのない「呂門」という店名は、当面の間安泰であると判断された画数の文字を選んでつけられたそう。

ロケーション、内装、家具のセンス、居心地の良さ、静かでありながら情熱を感じる桑山さんのたたずまい。近くにあったなら毎日でも足を運びたいと思うほど、一瞬で好きなお店になりました。

ただ、ご両親の体調不良に加えてコロナ禍に直面し、桑山さんは大いに揺れていました。「本当は閉めるつもりだったんです。だけど、母がとても大切にしていたお

店内でくつろぎながら時を忘れて読みたくなる品ぞろえの漫画がずらり。

天井にはビクターの球体スピーカーにロッジを思わせるランプがつるされている。

店だったので、この場所をなくしてしまうのは寂しくて。とりあえず3年間は営業して、そのあとのことはちょっと考えようかなって思っています。完全に辞めてしまうのか、日数を減らして続けるのか、どういう形にするか悩んでいます。父と母が立て続けに重い病にかかってしまって、通院などでお店を閉めることが多かったので、お客さんが離れちゃったんです。一度離れてしまうとなかなか戻ってきてくださらないので今奮闘中です」とのこと。

両親の大切な場所を守りたい、桑山さんのその思いはいろいろな角度からひしひしと伝わってきます。お一人で営業するにあたって、揚げものやサンドイッチなどをメニューから外し、代わりに、豊川市でパートナーと経営する居酒屋

右）サクサクした食感の小倉トーストにアイスコーヒー。左）シンプルなジャムトーストに喫茶店ならではのバナナジュース。どちらの組み合わせも間違いないおいしさ。

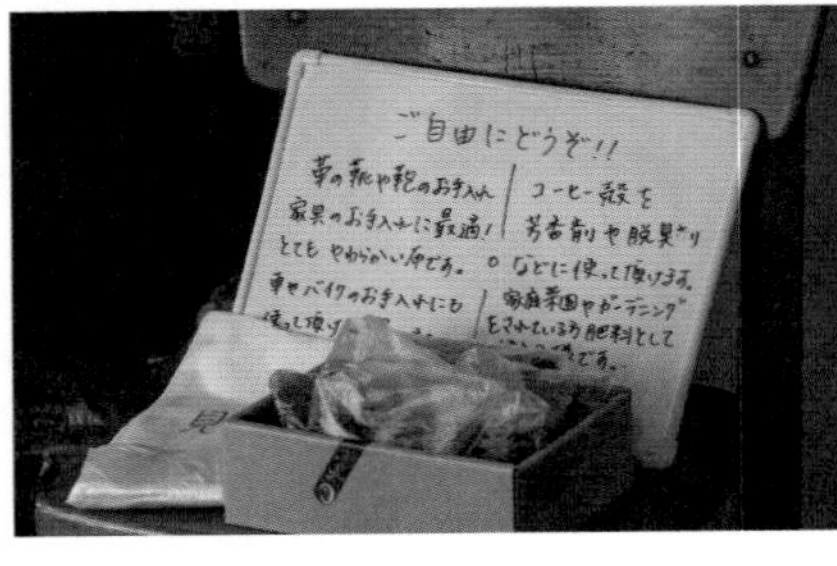

「Ｌｏｍｏｎ」での人気メニュー、スペアリブの肉じゃがやバスク風チーズケーキを始めました。昔からあったものたちをきちんと受け継ぎながら、桑山さんらしい新しいエッセンスが加わっているのです。喫茶業だけに限らないことですが、無理をして以前のやり方を守ることで嫌になってしまうより、その人に寄り添ったやりやすい方法を見つけるほうが、長い目で見た場合はきっとうまくいくのでしょう、と「呂門」に出会ってそう思うのでした。

◎喫茶呂門

㊎愛知県東海市高横須賀町
天宝新田１－１
㊉名古屋鉄道常滑線「太田川駅」・「尾張横須賀駅」より徒歩１２分
㊔7:00～16:00
㊡金・土・日・祝
☎0562－32－3523（予約可）

「喫茶呂門」取材の後日談

高横須賀町

喫茶呂門

この取材で初めてお会いした桑山さんとはSNSを通じて、今でも頻繁に交流しています。すぐに行けない距離にいても言葉を交わせるありがたさ。そして、喫茶店がつないでくれるのは、知らなかった街だけではなかったのです。

帰り際、桑山さんからずっとお店で使っていたけれど少し縁が欠けてしまったという貴重なグラスをいただきました。それだけでも飛び上がるほどうれしいのに、さらにチーズケーキに添えてあったおいしいジャムを小分けにした瓶まで。ジャムは帰宅してからとっておきのパンをトーストして味わい、グラスは今も部屋の棚に大切に飾ってあります。それが視界に入るたびに、あの日生まれた一つの縁のことを思い出すのです。

地中海を感じさせる
白壁の店内と
ニュージーランド風マフィン

ニュージーランド風マフィン

しっとりした生地とたっぷり入ったレーズンの食感の組み合わせが新鮮なオリジナルマフィン。コーヒーにもよく合う。数量限定メニュー。

♡aline

マリーヌ

「喫茶店に行ったらどこを見ますか?」という質問を受けることが多くあります。店内に入る前でいうと、建物の形状、窓の大きさとその数、ドアのデザインとノブの形、そして、最も気になるのがお店の顔ともいえる看板です。掲げられている位置、素材、大きさ、色合い、書体、回転灯の有無、大切な店名の表記。一目見て「かわいい!」と思わず声が出たのは、名古屋市中区新栄にある「マリーヌ」でした。

どこに引かれたかというと、「Ｍａｌｉｎｅ」のＭが「♡ａｌｉｎｅ」とハート形になっているのです。こちらを営むのは、米持眞理子さん。店名は、ベルギー発祥の透き通るようなレース生地、マリーヌレースがお気に入りで、それに自分の名前を掛けて名付けたそう。「今日ね、撮影があるっていうから、花が少ないとさみしいかなと思って買ってきたのに、家に忘れてきたのよ」と、ちょっとした失敗話に場も和んだ状態で取材が始まりました。この場所には元々違うお店があって、そちらが閉じてしまった１９７９年から眞

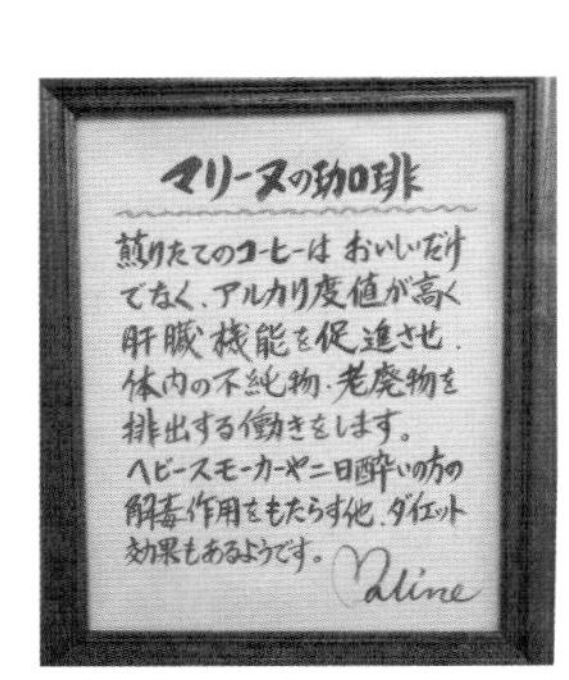

理子さんが居抜きで始めたそうです。特にコーヒーが好きだったわけではなく、何かしらお店をやってみたいと思ったときに一番始めやすかったのが喫茶店だったそう。今も「マリーヌ」に豆を卸している富士コーヒーからノウハウを習ってお店を始めて、40年以上も続いていると

いうことは、この職業が何よりも向いていた証しではないでしょうか。

壁の塗り直しや椅子の生地の張り替えは行いましたが、基本的な内装は変えておらず、前オーナーが造った空間のままとのこと。地中海をイメージしたと思われる店内には、白い壁にところどころ貝殻などが飾られていて、心地良い海風を感じられるような気がします。天井にある幾何学的なデザインの照明も特徴的。

「この店で一番いいのはこの椅子って言われて。カリモク製なんだけど、とても古くて破れているから隠しています（笑）」。最初は渋い緑色でとても気に入っていましたが、その後朱色にしたところ、いまいち納得がいかず、現在の渋いピンク色にしたそう。あまり見かけたことのない色合いが愛らしく、すべて柄の位置が違うところに、手作業で一つひとつ

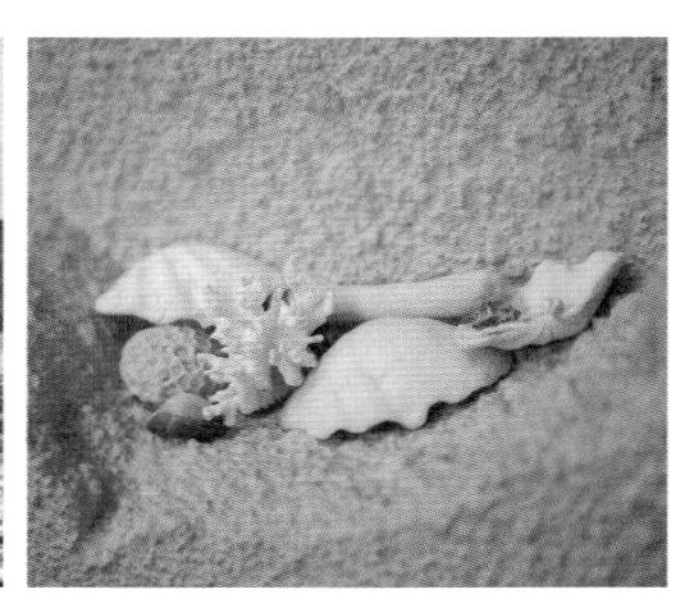

アイスコーヒー
ゆずティーホット
ココア

張っていた職人の技を見ることができます。

メニューを一通り見て気になったのは、「ニュージーランド風マフィン」というお菓子。眞理子さん自身は海外へ行ったことがないそうですが、スタッフがニュージーランドに行ったときにそのレシピに感銘を受け、作ってもらっているそうです。

たまたまお店にいらした、眞理子さんと付き合いが長いという常連の方に、眞理子さんの魅力を尋ねてみると、「素直なところですね」とにこやかな笑顔。その一瞬で、眞理子さんが長い時間をかけて常連の方たちと築いてきた関係がとても良好なものであることがわかります。

「あまり疑ったりしない。『あー、しまった！』となってしまうこともあるけど、

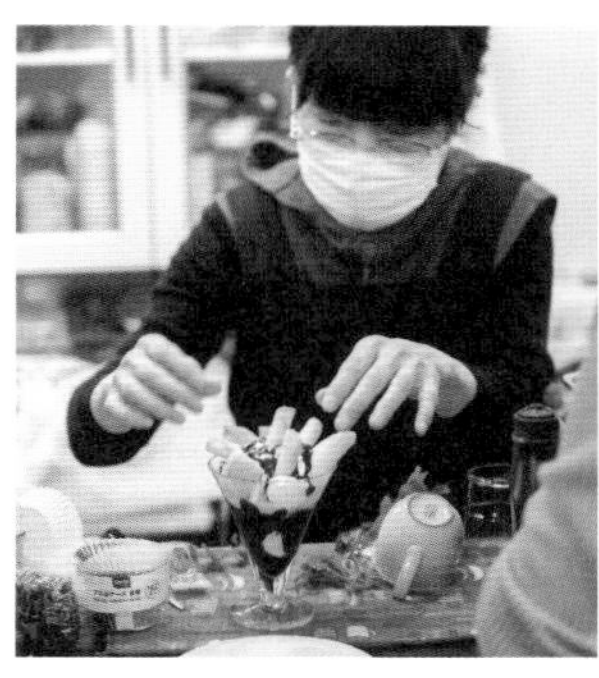

「チョコサンデー」には季節のフルーツを入れることもあるという眞理子さん。この日のフルーツは柿。

チョコサンデー

それは自分で体験したからわかることですし。できるだけ初心を忘れず、変わらず、愛を込めて接すること。『おかげさま』って言葉がありますが、本当にその通りです。お店は続けさせてもらっているだけなんです」

「始めるのは簡単だけど、続けていくことはむずかしい」とはよく耳にする言葉ですが、同じことを毎日こなしていくことはとても根気のいることで、意志の強さや覚悟のようなものの裏側にある、やさしくて強い気持ちこそ、長く営業していく秘訣なのかもしれません。

◎マリーヌ

所 愛知県名古屋市中区
新栄2-10-4 神谷ビル
行 名古屋市営地下鉄東山線
「新栄町駅」より徒歩5分
営 8:00〜17:00
休 日・祝
☎052-261-6028(予約可)

ナゴヤのホットケーキ

バターとメープルシロップ、さらにつぶあんとホイップクリームがついた、名古屋ならではの一品。それぞれの甘さが楽しめる。

蘭

ひょんなことからお店を継いだ姉妹が提供するコーヒーとあまいもの

長く愛されていた喫茶店が幕を閉じようとするとき、ちょっとした奇跡のような出来事がきっかけで引き継がれていくというお話をいくつか聞いてきました。たとえば、拙著『純喫茶とあまいもの京都編』でつづった京都の「喫茶翡翠」。ガスメーターの検針のためお店を定期的に訪れていた女性が、体調不良でお店を閉じることになった店主と顔見知りだったことがきっかけで継ぐことになり、まったく違う世界に飛び込んで現在も奮闘されています。

名古屋のオフィス街、丸の内にある「珈琲専門店 蘭」のエピソードも素敵でした。大手企業や住居が集中しているこの場所で、40年以上愛されてきたお店の先代のマスターが急逝してしまいます。地元の方や常連の方たちが危惧していた閉店を回避したのは、隣で生花店を営む永井博子さん、浅野美和子さん姉妹でした。元々花の配達などもされていたため、面

識はあったとはいえ、心構えのない唐突な出来事を受け止めるのはとても勇気の要ることだったでしょう。

博子さんはそれまでにも飲食店で働いた経験はあったそうですが、それはあくまでも従業員としてのこと。自分の城を持つことの重みは計り知れませんが、妹の美和子さんに背中を押されて決断。人生がガラリと変わってしまうことに迷いがなかったのか尋ねてみると、「自分でも何かやってみようかなと思ったから。まあ、転機ですね」と前向きで力強いお言葉。

とはいえ、先代のマスターの不在は急なこともあって、レシピやお店については何も情報が残されていませんでした。四苦八苦しながらも、業者の方や常連さんからのアドバイスを得て、先代の味を再

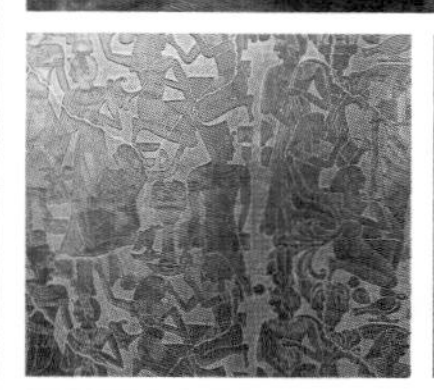

家具や道具、食器類は、先代のマスターが使っていたものをそのまま利用。博子さんいわく、先代はとても寡黙な方だったそう。

現しつつ博子さんの味を作り上げていき、２０１８年4月に「蘭」は再び灯りをともします。

「元々お客様がついていたお店なので、ありがたいことに私たちが何もしなくても来ていただけます。最近では若い人が増えたりして、新しい風が吹いていますね」と、「蘭」の歴史は途切れることなく着実に刻まれていっているようです。空間、メニュー、居心地の良さなど、そのお店のファンになる要素はさまざまですが、働く人たちの魅力も大きな理由だと思っています。マスターの周りに集っていた人たちに加えて、博子さん美和子さんが作り出す雰囲気を好む人たちが増えていく素敵な連鎖がここにはあるのです。

２０２３年で5年が経過し、「すっかり慣れた」という博子さんの楽しみは、忙しくない時間帯にお客さんとするいろいろなおしゃべり。コロナ禍でサラリーマンのお客さんが少なくなってしまったと嘆いていましたが、時計の針が正午を指してすぐ、次々と背広姿の人たちがやってきてあっという間にカウンター席が満席になりました。先代のマスターもこんな未来が待っているとは思わず、驚いていることでしょう。そしてそれ以上にうれしく思っているのではないでしょうか。長年愛されてきた場所は、形を変えてたくさんの人たちの記憶に残るお店として生まれ変わったのです。

人生の岐路はひょんなところにあって、自分のちょっとした行動で動き出すのかもしれません。博子さんを見ていてそう思うのでした。この本をご覧になってくださっているあなたも、近い将来、どこかのお店でコーヒーを淹れているかもしれませんね。

◎**珈琲専門店 蘭**

㈷愛知県名古屋市中区丸の内
2-13-8村上ビル1F
㈸名古屋市営地下鉄鶴舞線・桜通線
「丸の内駅」4番出口より徒歩5分
㊖10:00〜17:30
㈬土・日・祝
☎052−201−8420（予約不可）
全席喫煙可のため、20歳未満の入店は禁止。

「蘭」という名前の店を引き継いだのが
生花店の方だったことに運命を感じる。

一人で切り盛りするために

先代のときは、食事メニューがほとんどなかったそうで、メニューに書いてあるサンドイッチを注文しても、「ない。ピザトーストならあるよ」という答えが毎回のように返ってきたそう。博子さんの代になり、メニューを少し増やし、スペシャリティコーヒーを加えました。ピザトーストはありませんが、チーズトーストは定番メニューになっています。忙しいランチどきは美和子さんが手伝いに駆け付けるとはいえ、基本的には博子さんお一人でこの席数をこなしているため、ランチの設定はなく、食材のロスのことも考えて、ごはん類の提供は行っていません。

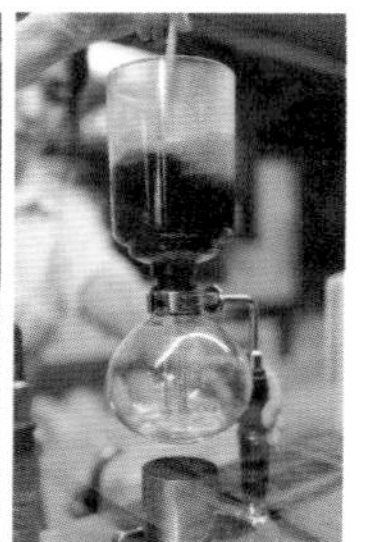

忙しいときは複数のサイフォンを操りコーヒーを淹れていく博子さん。使用する豆はマウンテンコーヒーのもの。

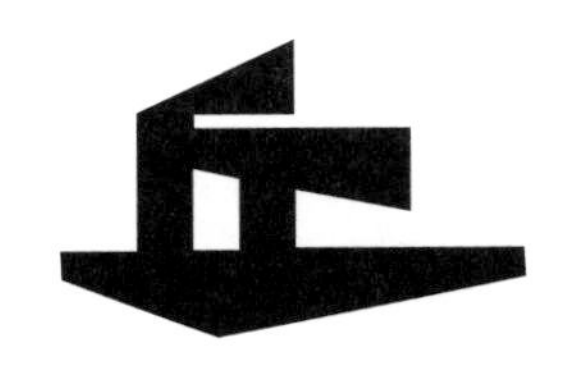

立ち寄らずにはいられない
宇宙船のような店内で過ごす至福の時間

噴水がある、大きな池に鯉が泳いでいる、以前はペンギンを飼っていた……など、扉の向こうが非日常的な空間になっている喫茶店といくつも出会ってきました。愛知県岡崎市、東岡崎駅から歩いて行ける距離にある「喫茶レストラン丘」も、通りがかった誰もが立ち止まらずにはいられない、ただならぬ雰囲気を醸し出している唯一無二のお店です。

その存在はずいぶん前から知っていましたが、お店のSNSアカウントにフォローしていただいたことがきっかけで、さらに気になって、コロナ禍が落ち着きを見せた2022年の秋に取材を兼ねてようやく訪問できたのでした。お店の前には灯籠と庭石と松が置かれた日本庭園があり、正面のガラスには大きく掲げられた「エッグカレー」を筆頭に、手書きのメニューがいくつも貼られています。何より店内から発せられる光の量が尋常でなく、そのまばゆさは外にも漏れ出すほど。バラ園を彷彿（ほうふつ）とさ

ホットケーキ

バターとシロップで味わうシンプルなホットケーキ。
昔ながらの素朴な味わいは、何度食べても飽きない。

せるようなアーチをくぐれば、その先には、今までに見たことのない世界が広がっていました。

「宇宙船」「レインボー」「未来」……。視覚からパッとイメージする言葉はそんな感じでしょうか。壁や天井の全面に銀色のシートが貼られ、その上にさまざまな形のカラフルな図形が配置されています。どこから見ていいかわからず、興奮とともに目が泳ぎます。

元々この場所にあった喫茶店に勤めていた藤原豊さんは、前オーナーが店を閉めるタイミングで居抜きのままこちらを譲り受けました。店内に置かれているアルバムを開けばその頃の内装がわかる写真を見ることができますが、木を基調とした落ち着いた雰囲気で、現在とは180度違う様子。ご自分のお店になる際に、最初は改

壁にはお客様が貼った「丘」シールが千社札のように並んでいる。店内では「丘」キーホルダーも販売中。

修を依頼するつもりが、国際芸術祭の「あいちトリエンナーレ」にインスパイアされて、レインボーをテーマに藤原さんがお一人でコツコツと造っていくことにしたそう。完成までに要した時間は何と10年！　一緒に店を営む奥さまの「最初は目がチカチカしたけれど、今は慣れた。きれいだなあって思っている」という言葉にうれしそうな藤原さん。「一人だったらやろうと思わないけれど、女房が『きれい、きれい、きれい！』ってほめてくれるから、うれしくてやる気になってね」と満足そうな表情をされていました。

　カラフルな模様たちはただ乱雑に貼られているのではなく、色のバランスを考えて絶妙に配置されています。滞在しているうちに段々と場に慣れて、席を仕切る棚

にびっしり並んだ懐かしいラインナップの漫画を読んだり、エッグカレーを食べたりと、不思議な居心地の良さにすっかりくつろいでしまいます。ホットケーキセットを注文すると、「丘」の文字に切り抜かれたシールがプレゼントされます。こちらももちろん藤原さんの手作りで、今までに何万枚も切り抜いたそう。「好きなんでしょうね、きっと。単純作業が」と笑う藤原さんからは、訪れた人たちを喜ばせたいという気持ちが充分に伝わってきます。

人気YouTuberが訪れたことで、「丘」はファンの方たちの聖地のような場所になっているそうで、入口近くに置かれた棚には、今までメディアで紹介された雑誌や書籍たちが山のように積まれています。「すごい喫茶店はたくさんあるけど、うちは、笑われて儲かってるもんで。

壁から天井まで無数の色がちりばめられた宇宙船のような空間。現在も少しずつ手が加えられ、進化し続けている。

あと2、3年は営業できそうだけれど、足腰も悪いし、いつやめるかわかんないから、今のうちに」とは何とも切ない言葉ですが、ここにしかない空間だからこそ遠くからでも足を運びたい人たちが途切れないのでしょう。センスのビッグバンを起こした藤原さんを見ていると、何ごとも突き詰めてしまえばそれが個性や才能になるのだ、としみじみ思います。「百聞は一見に如かず」。その言葉を実感できる体験をぜひ。

◎喫茶レストラン丘

所 愛知県岡崎市唐沢町1-29
行 名古屋鉄道名古屋本線「東岡崎駅」より徒歩8分
営 7:30～18:00
休 水・日
☎ 0564-23-3937（予約不可）

牛どんとカレーライス

ミルクフロート

column 4

店主の思う、純喫茶とあまいもの

時代の移り変わりとともに、新しいお店がどんどん生まれる中でも、それぞれの街で、変わらずに愛される喫茶店を営む店主の方々。お店に対する思いを色紙に表現していただきました。

愛

誰かのために
おもてなしの心が生む
最高の一杯でありたい
お客様にも喜んでもらえる
そういうような店で
ありたいです
珈琲家 ボーチカ
鬼頭三枝子

ボーチカ 鬼頭三枝子さん

（P.48）

出会いを
大切にする
喫茶サンモリー
森本良典

サンモリー 森本良典さん

（P.104）

感謝
常連さん方や、遠くから
来て下さっているお客様に
感謝です。
珈琲家 ロビン

COFFEE
ロビン

（P.58）

田畑幸子さん

コーヒー
にしき

（P.36）

三浦廣さん

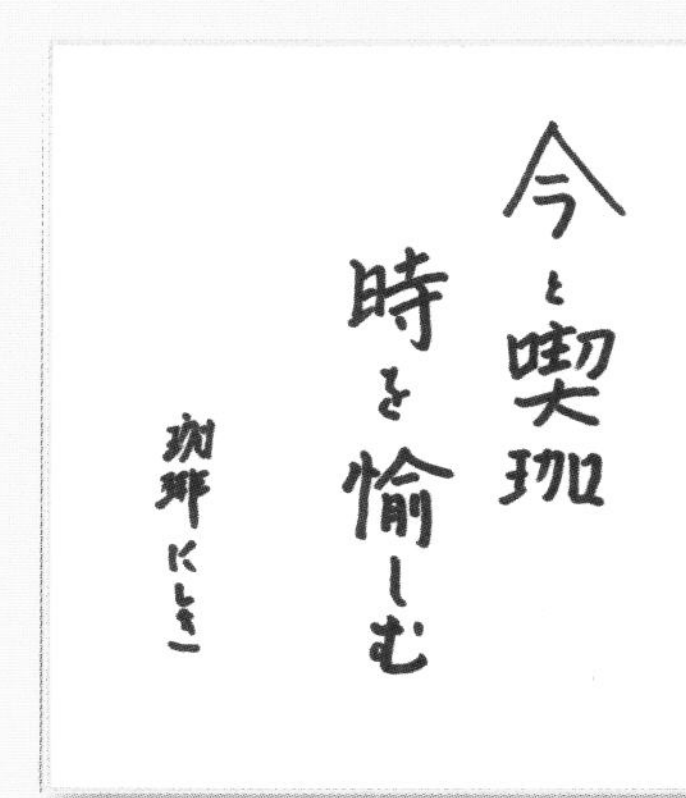
今と喫珈
時を愉しむ
珈琲にしき

純喫茶のお仕事
心を売る商売
なんでもないものが絶対に
美味しい。そんな心がけで
51年間営業を続けており
ます。

喫茶かこ
土屋賞蔵

（P.18）

土屋賞蔵さん

ぐりぐり

（P.24）

稲垣京子さん

ぐりぐりの存在に
感謝
コーヒー一杯で
笑顔になれる

ぐりぐり
Kyoko. I

プリン／アイス／甘口パスタ

移転しても営む人の思いは変わらない
試作を繰り返して復刻された蒸しプリン

プリン・ア・ラ・モード

蒸しプリンと共に復刻したメニュー。たまごの味が引き立つ控えめな甘さのプリンとフルーツの酸味の調和がたまらない。クリームにのったミントシロップのさわやかな色合い、個性的なガラスの器など、ルックスも素敵。

純喫茶✳ライオン

名古屋市の中心地、栄で60年以上営業していた「コーヒー専門店ライオン」。立ち寄る時間がないときでも、青い看板と少し奥まっている入口を歩道から見かけるだけでホッとした気持ちになっていました。最後に旧店舗へお邪魔したのは、内装を少しリニューアルして間もなくの2018年6月。一喫茶客としてではなく、拙著『クリームソーダ 純喫茶めぐり』の取材のためでした。1958年に初代が創業、現在三代目を務める北林三奈さんが正式に継いだのは2015年のこと。そのときは、「閉めるか続けるか、悩んでいましたが、継続を決めました」とおっしゃっていたので、ホッと胸をなでおろし、これからの「ライオン」の未来に勝手に安心していました。しかし、しばらく足を運べなかった期間に人づてに、「移転したそうだ」との情報を得たのです。

久屋大通駅近くのビルに移転したのは2019年6月。それから数年後、約束した時間に少し緊張しながら店内に入ると、なぜか訪れるのは初めてではないような温かさを覚えてリラッ

クスしたのです。「元々は呉服屋だった場所で。3年くらいたってからようやくなじんできた感じがしますね」と、変わらない素敵な笑顔を見せてくださった北林さん。以前の店舗で使用されてきた什器や家具もいくつか持ってきたそうで、栄にあったときとは雰囲気の違う眺めにもかかわらず、あまり違和感がなかったのは、場所が変わっても営む人の思いは同じだったからかもしれません。

数年前にお会いしたときより、力強くてスッキリした表情をされていた北林さんはメニュー作りを楽しんでいらっしゃ

古時計やテレビ、スピーカーは旧店舗で活躍していたものを引き継いでいる。窓際の席では久屋大通公園の賑わいを見渡せる。

る様子。移転してまもなくコロナ禍となってしまったため、皮肉なことに時間は充分にあって、いろいろな試みができたそう。たとえば、人気メニューのプリン。「栄のときから数えると、3回作り方が変わっていて。1回目は私がまだ生まれてないときにマスターが作っていた蒸しプリン。2回目はオープンで焼いていたもの。ここに移転してからは蒸しプリンです」とのこと。すが入らないように作るコツなどを尋ねてみると、「水分量とかいろいろありますが、冷ますときの音とかそういうものが感覚的にわかってくるんです」と教えてくれました。試食するスタッフには厳しく採点してもらうそうですが、取材時のプリンは「100点!」とのこと。「一人でこう、研究というと大げさなんですけど、誰かの意見を聞いてみることで視野が広がったりしますね。でも、基本のところは絶対変わらないし、変えていません」と北

エッグサンド

クリームソーダ

ピーチメルバ

自家製プリンのほか、クリームソーダ、エッグサンド、ピーチメルバなどのメニューがリニューアルされた。

林さん。

「喫茶店の仕事は毎日同じことの繰り返しだったり、地味な作業だったりするんですけど、もう〝自分の人生〟ですね。どんな年代の方たちにも愛してもらえるような場所になってほしい」。かけがえのない家族が長い時間をかけて作り上げてきた場所をこれからも残していくためには、古き良きものを継承して大切にしながら、時には変わっていくことも必要になるのでしょう。長く続けていくなかで、「変わらないね」と支持されるために、時代やニーズに合わせて、人には気づかれないようなスピードで進化しているのだと思います。北林さんが日々お店に立つことは、ご自身の大切なものを守ることでありながら、ライオンへ足を運ぶ人たちを幸せにしてもいるのです。

◎純喫茶ライオン

㊖愛知県名古屋市東区泉1-14-23ホワイトメイツ3F
㊒名古屋市営地下鉄名城線・桜通線「久屋大通駅」より徒歩1分
㊰12:00〜18:00、土〜18:30、日〜17:00
㊡月
☎052-212-8710(予約可)

「唇うれし」なオリジナルコーヒーカップ

最近は工場生産が多いためか、コーヒーカップは縁が薄いものが多い気がします。だからこそ唇に当たったときに分厚いものだと、「創業当時に作られたものだろうか」と勝手にうれしくなります。北林さんもそこにこだわりがあり、当時と同じように作ってくれるところを探して、「この厚みは出ないよって言われていたんですけど、加藤陶器さんが作ってくださって」と多治見で出会えたそう。大きさも、冷めてしまう前に飲み切れるちょうどよいサイズで、購入も可能です。

お店のシンボルマークとなっているライオンのイラストは、かつてマッチ箱に描かれていたもの。お店では自由にスタンプを押すことができる。

オリジナルのカップ＆ソーサーのほか、トートバッグやサコッシュも販売している。

定番から新しい味まで
日替わりの自家製アイスクリーム

自家製アイスクリーム

250種類の中から数種類のアイスが日替わりで登場する。この日はキャラメルクッキー、アールグレイ、チョコバナナ、紅芋、バニラ、ラムレーズンと人気のフレーバーがズラリ。

さくら

コロナ禍における飲食店の経営は、想像を遥かに超える困難なことが多かったことでしょう。飲食やおしゃべりは向かい合ってすることが前提であった以上、今までに直面したことのない事態への対応に苦戦されたことは言うまでもありません。それぞれのお店が試行錯誤して乗り切った結果、現在も営業を続けてくださっていることに、喫茶店を愛する者の一人として本当に感謝しています。そんな時期にとある喫茶店を救ったのは、店長が手作りする膨大な種類のアイスクリームでした。

あてもなく散策していて出会ったお店にふらっと入るのも純喫茶めぐりの醍醐味でありますが、わざわざ足を運びたいお店もたくさんあります。用事がないとなかなか行くことのない「桜華会館」という貸会議室として利用されるビルの1階にある「喫茶さくら」もその一つ。

こちらは、コーヒー豆の卸販売として50年以上の伝統を持つ倉田コーヒーの直営店として営業されています。お話を聞かせてくださったのは、勤めてまもなく10年になるという店長の吉田和記さ

店内に入って最初に目に入るのは、壁に貼られた手書きのさまざまなメニューたち。

ん。コーヒー離れや観光客の減少などに加えて、追い打ちをかけるようにやってきたコロナ禍。どうにかその現状を打破したいと吉田さんが考案したのが、食後にアイスクリームを1個（常連さんには2個！）サービスするという試みでした。

「常連さんをより固定化するためにこういうサービスを始めました。ほかの店と同じようなやり方や値上げではなく、料金はそのままで自家製アイスクリームを無料でつけるというサービスを喜んでもらっています。自家製なので大変ではあるんですけど、楽しんでいます」という吉田さんの狙い通り、売り上げは以前に比べて徐々に上がってきているそうです。今までに作られたフレーバーは250種類と、その熱心さに心打たれます。

幼い頃から喫茶業に憧れがあった

直線的な背柱の椅子がお店に高級感を与えている。光沢のある赤い革張りの背もたれも美しい。

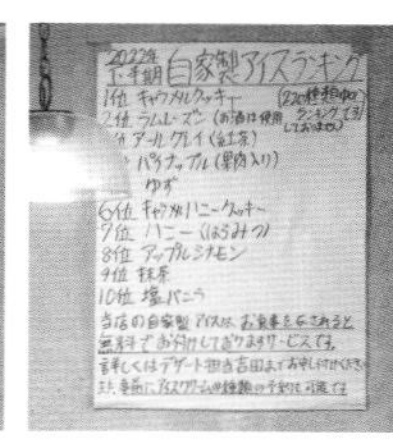

半期ごとにアイスクリームランキングが発表される。3日以上前に食べたいアイスクリームをリクエストすれば、店長の吉田さんが作ってくれることも。

という吉田さんは、いらっしゃるお客さんの顔を覚えているだけではなく、一切メモなどを取らず、各々の会議予定や休憩時間、好き嫌い、いつも注文するメニュー、はたまた健康状態までを把握しているという抜群の記憶力の持ち主。訪れる人たちにとっては心強い半面、吉田さんにとってはお休みがお客さんの仕事の都合に左右されてしまうという悩ましい一面も。

　これまで訪れてきたあまたのお店もそうでしたが、愛を込めて言うならば、喫茶店ではクセのある人たちに出会えることが多く、巡ることに飽きのこない興味深さはそういうところにもあると思っています。お客さんのために考えたことを惜しみなく実行して、その結果、お客さんのためでありながら、お店のため、引いては自分に戻ってくるような、そんなうれしい連

フルーツサンデー

プリン・ア・ラ・モード

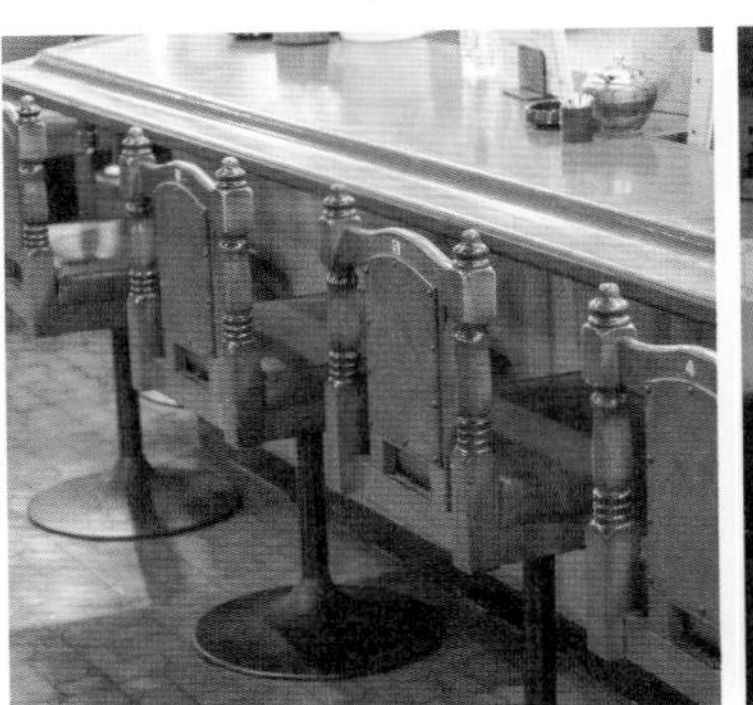

鎖が生まれる奇跡にいつも胸がいっぱいになるのです。

「アイスクリームを食べて『おいしい』って言ってもらえるのが一番うれしいですね」。どんな大変さもその一言で飲み込んでしまう懐の深さと、訪れる人たちを少しでももてなしたいという気持ちに触れて、またこちらを目指したくなります。「今日はどんなアイスクリームがあるのだろう？」。そんなワクワクした気持ちを胸に、足を運んでみてはいかがでしょうか。

◎**喫茶さくら**

㊒愛知県名古屋市中区
三の丸１-７-２ 桜華会館１Ｆ
㊔名古屋市営地下鉄鶴舞線桜通線「丸の内駅」、名城線「名古屋城駅」、桜通線「太閤通駅」より徒歩８分
㊓8:00〜17:00
㊡不定休
☎052-203-1900（予約可）

コーヒーを使ったあまいもの

コーヒーゼリー

ほろ苦いゼリーにクリームの甘味、フルーツの酸味がよく合う。

コーヒーぜんざい

アイスコーヒーとあんの組み合わせがくせになるおいしさ。ぜんざいにバニラアイスクリームを浮かべ、生クリームとチェリーをのせた一品。

珈琲大福

中に珈琲味のあんが包まれた「珈琲大福」は、お店オリジナルの「マイルドコーヒー」にピッタリ。

これを食べずに
名古屋喫茶は語れない
全国から「登山」する人が
絶えない人気店

甘口キウイスパ

白い皿に映える鮮やかな緑の太麺に、ホイップクリームとキウイをトッピング。麺の緑色はキウイ果汁によるもの。イチゴはピンク色、バナナは黄色とそのほかの甘口スパにも果汁が活かされている。

マウンテン

名古屋の喫茶店について調べたことがあるならば、その存在を知っている人も多いのではないでしょうか。訪れる人にだけ通用する特別な用語がある「喫茶マウンテン」。たとえば、こちらにやってくることを「登山」、注文したものを完食することを「登頂」、食べ切れずに残してしまうことを「遭難」と表現するのです。

たびたびメディアを賑わせるのは、「甘口抹茶小倉スパ」や「甘口イチゴスパ」など、おそらくよそのどのお店にも見当たらず、味の想像も安易ではないメニューの数々。興味をかき立てられた人たちが、今も全国各地から訪れ、「登頂」または「遭難」してこちらでの思い出を語ることで、ますますその噂は広がっていくのです。取材以前に友人たちと「登山」したときは、「甘口バナナスパ」を注文し、今までに体験したことのない味わいに驚きながらも「登頂」したので、今回は「甘口キウイスパ」を食べてみることに。モチモチとした食感の麺は、業者に製造委託してい

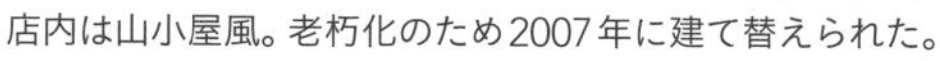

店内は山小屋風。老朽化のため2007年に建て替えられた。

るもの。甘さと酸味が同居する熱々の麺の上で溶け出すクリームと、冷たさを保っている果物。一緒に口にほおばると、複雑に味が絡み合い少し混乱しますが、選び抜いた素材で作られていることがわかります。

インパクトあるメニューで注目を集めがちな「マウンテン」ですが、300ある種類の豊富さとボリュームたっぷりな食事メニューこそ、その本質。現在三代目を務める加納真史さんによると、「メディアに取り上げられるようになる前は、『甘口スパ』の店ではなくて地元の学生たちが愛用する大盛りの店という感じでした。今もある『ヤングスパ』が一番人気で、ほとんどの学生がそれを食べていましたよ。数十年ぶりに寄ってくれたお客さんはこれを注文されますね」とのこと。以前も食関係の職に就いていて、管理栄養士もされていたことから新しいメ

ニューの開発に積極的で、この日注文した「名古屋バヤシ」（P55参照）も加納さんが継いでから増えたメニューでした。いろいろなものを食べ比べたときに何を組み合わせたら思った通りの味になるかがわかるという驚きの才能も、経験があるからこそ磨かれたのでしょう。よそのお店に出掛けて気になるメニューがあったときは、それをさらに良いものにして、価格を下げて自分の店に取り入れることもあるのだとか。そんな柔軟な発想も経験の賜物(たまもの)です。

知名度があって人気や実力もあり、今に至るまで順風満帆かと思われた「マウンテン」ですが、コロナ禍には売り上げが6割も落ちてしまったそう。現在も思ったように客足は戻らず、そんなところに、きっとどの飲食店も頭を悩ませているであろう原材料の値上げ問題に直面します。この度やむを

とにかくビックサイズが売りの「マウンテン」。バニラアイスとチョコレートアイスが盛大に盛られている。

ユニークな名前の飲みものもお店の魅力。それぞれ何味かは飲んでからのお楽しみ。

二代目の加納隆久さん（左）と三代目の真史さん（右）。これからも「マウンテン」にしかできないメニューを開発し続けてくれるはず。

得ず価格の見直しを行ったそうですが、そのことによって常連さんたちの来店回数が減ってしまうことを懸念されていました。

これだけ名前を知られているお店の三代目を担っていることについて聞いてみると、「有名な店だからあんまり悪いことはできないな、とは思っています(笑)。格式を守りたいというか、初代と二代目がやってきたことにプラスアルファして自分なりのアレンジができれば。まあ、家族経営で自分の店なんで、やりたいようにやっていきます」と、リラックスして日々営業されている感じが伝わってきます。

ネーミングセンスが抜群で、メニュー名を見ただけではどんなものが食べられるのかわからないところも「マウンテン」の魅力の一つ。初代、二代目、そして三代目がそれぞれの個性を爆発させながら、工夫を凝らしたメニューがいっぱいなのです。近くの喫茶店で過ごす休日もいいですが、ときには喫茶界で一番高い「山」を「登頂」してみませんか？

◎喫茶マウンテン

㊖愛知県名古屋市昭和区滝川町47-86
㊔名古屋市営地下鉄名城線「八事日赤駅」より徒歩８分、名古屋市営バス滝川町停留所より徒歩３分
㊚9:00～21:30
㊡月（祝日の場合は翌日）
☎052－832－0897（予約不可）

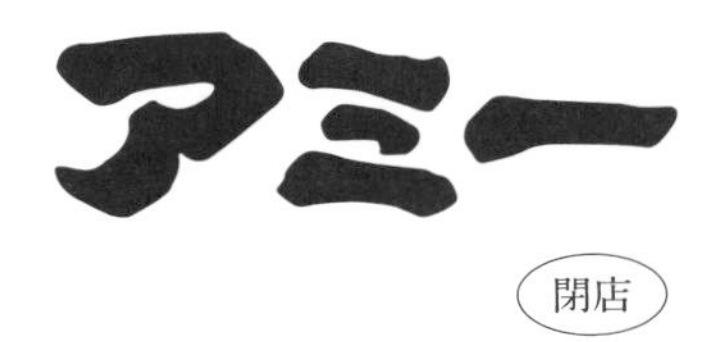

閉店

「プルンとしていておいしそう！」。2022年3月で50周年を迎えた「喫茶アミー」を知ったのは、プリンの写真がきっかけでした。取材のためにお邪魔したのは2022年5月のこと。「原稿を書いたらご確認いただきたいのでまた連絡しますね」と手を振って別れてからわずか7カ月後。12月末で閉店することが決まったという知らせをいただいて、予測していなかった出来事にただただ驚きました。事情を尋ねたところ、業務中にマスターがけがをされ、そのことがきっかけで閉店を決意されたそう。

「昔、この辺りは商店街でね、その当時は7軒も喫茶店があったのに、今ではうちだけ。近所の人たちが常連だったけれど、みんなどんどん年を取って来なくなったりしてね」。訪れたときにそう教えてくださったのは、明るい笑顔がチャーミングな佐藤明美さん。

1日4個の限定メニュー
口どけのいいなめらかプリン

特製プリン

マスターが毎日手作りしていた特製プリン。
固過ぎずやわらか過ぎない絶妙な食感が魅力。理想の味を守るため、
卵や牛乳も厳選したものを使用していたそう。

カウンターと椅子、テーブルとソファが整然と並んだ落ち着いた雰囲気の店内。天井には空柄の壁紙が貼られていた。

旦那様である憲治さんと一緒に「アミー」を開いたのは1972年のこと。明美さんが以前も喫茶店で働いていたことと、当時、21歳だった明美さんは酔っぱらっている人が苦手だったため、居酒屋ではなく喫茶店を選びました。開店日は何とお二人の結婚式の1週間後。「オープンする日は決まっていたから、とりあえず結婚式は挙げたほうがいいねって感じで（笑）。本当は、1年かそこらで出ていくつもりだったの。ここを足掛かりにして、二軒目、三軒目と大きくしたくて。なのに、近所の人たちがいい人たちで居ついちゃった（笑）」とおっしゃるように、数年間は順調に営業していましたが、1970年代に二度訪れたオイルショックやその影響による不景気によって大変なことも多々あったようです。

「アミー」は、キックボクシングで世界4階級チャンピオンとなり、K－1 WORLD MAXでは世界トーナメン

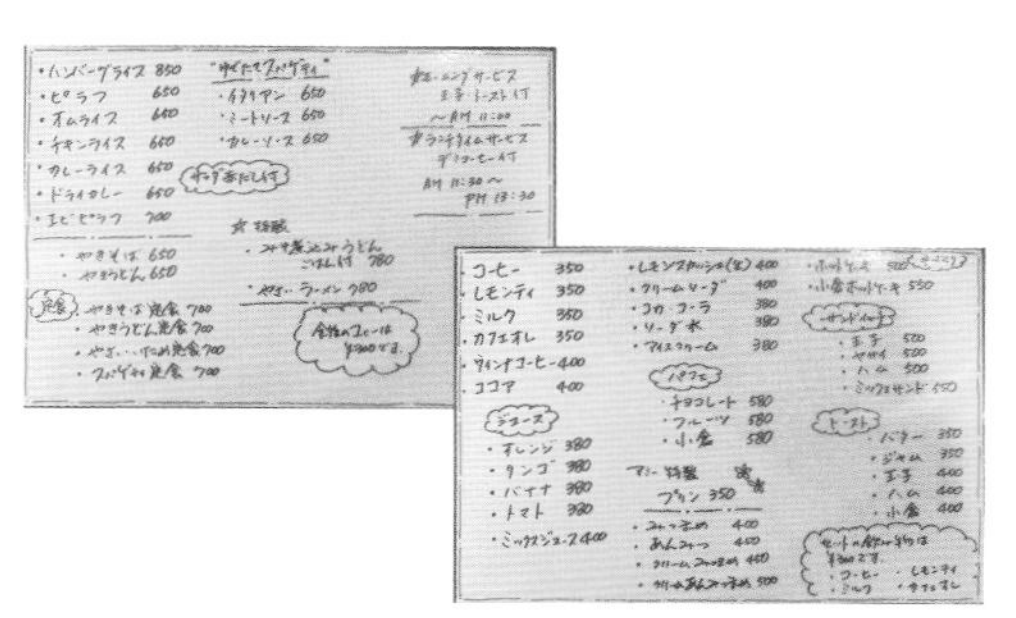

カウンター越しにマスターやマダムとのおしゃべりが尽きないこともあったそう。

ト2連覇まで果たした、「無限スナイパー」や「地獄の膝小僧」などの異名を持つ格闘家・佐藤嘉洋さんのご実家でもあります。つながりのあるスポーツ選手やファンの方たちが訪れる聖地のような場所として、メディアに取材されることも多かったのだとか。現在、嘉洋さんは引退されて、瑞穂区と北区の2カ所でキックボクシングフィットネスジムを、西区で整体院を経営されています。

嘉洋さんが紹介することもあってお店で人気なのが、自家製のプリン。おいしさの秘訣は「ずっとおんなじ味で続けているからかなあ」ということですが、カラメルの色が艶やかでプリンもきれいな卵色をしてやわらかそうで、ひと目見ただけでおいしいに違いないと確信するルックスです。プリンは1日に4個しか作らないそうで、日によっては開店時間に来ないと食べられないなど、争奪戦になっていたのではないかと想像します。

レモンスカッシュ（左）とソーダ水（右）

ホットケーキ

ホットケーキも自家製で、注文が入ってから、小麦粉、卵、牛乳、砂糖、ベーキングパウダーを混ぜて銅板で焼きます。丸くなるように縦にして側面を転がすのがポイントとのこと。小倉ホットケーキはバターをのせず、生地を覆うほどのたっぷりのあんがのせられています。カットして口に運ぶと香ばしくて良い香りが食欲をそそり、丁寧に淹れられたコーヒーとの相性も抜群です。

お店でも自宅でも家族と一日中一緒にいるということについて、明美さんは「もう年を取って50年も一緒にいたらさ、言いたいこと言うでしょ」と、終始明るく朗らかに今までのことをお話ししてくれました。明美さんの話を聞いて静かにほほ笑むやさしそうな憲治さん。本が完成したあとに、お礼

を兼ねて再訪し、またお二人がお店でやり取りするその光景を見られると思っていたのでとても残念ではありますが、始まりや出会いがあればいつか必ず終わりもやってくるもの。そのタイミングについては事前に知ることができないのだから、と自分に言い聞かせて、あの日過ごすことのできたわずかな時間と、笑って交わした言葉たちをこうして残せることをありがたく思いながら、これからもお二人の健やかな日々を願うのです。

◎**喫茶アミー**

２０２２年１２月閉店

column 5

シュガーポットコレクション

テーブルの上にさりげなく置かれたシュガーポット。普段は見過ごしてしまうものの、よく見るといろいろな形や素材があります。観察してみてはいかが？

喫茶アミー ｜ P.172

形がかわいい琥珀（こはく）色のガラス。木目が美しいふたはスプーンが入るように切り込みが施されている。

モック ｜ P.30

ステンレスの持ち手を引くとふたが開く珍しい構造のポット。ステンレスの光沢と平たい形がどこか近未来的。

葡瑠梵（ブルボン） ｜ P.200

木製のふたにはアルファベットが刻印。薄茶色にはグラニュー糖、濃茶色にはザラメが入っている。

喫茶さくら | P.160

容器が木製で、ふたがステンレス製という、普通とは反対の素材を使った温かみを感じるデザイン。

珈琲エーデルワイス | P.188

持ち手を下に動かして開くタイプのポット。容器の黄色にスプーンの先の絵が華を添える。

コーヒーハウス パイカル | P.70

琥珀色の足つきポット。シンプルな木のふたとモダンな形の容器がアート作品のよう。

マリーヌ | P.132

鉄製の珍しいポット。彫刻のような細工に目を奪われる。持ち手はバラになっている。

珈琲にしき | P.36

三段のステンレスとガラスがボーダーのように見えるデザイン。スプーンの青い柄がアクセントになっている。

喫茶 新潟 | P.92

ターコイズカラーがまぶしいシュガーポット。長い持ち手と筒型の容器はあまり見かけないデザイン。

ワールド | P.98

シンプルかつスタイリッシュなステンレス製のポット。持ち手を下に動かすとふたが開くタイプ。

飲みもの

トレードマークの三角屋根と
淡いピンク色のファンシードリンク

ファンシードリンク

いちご味のドリンクにホイップクリームとアイスクリーム、ポッキーが添えられた一品。名前を裏切らないキュートな飲みもの。

グロリヤ

食べたいもの飲みたいものが事前に決まっていたとしても、喫茶店では必ずメニュー表をひと通り眺めることにしています。なぜかというと、どんなものが出てくるのか、その名前からは想像できない文字が記載されていることがあるからです。名古屋市中区栄のテレビ塔（現・中部電力ＭＩＲＡＩ ＴＯＷＥＲ）の正面に位置する「喫茶グロリヤ」でも、そんなメニューに出会えました。

長年、喫茶店観察をしながら散策しているので、気になる対象がないか地面も上空もくまなく見るくせがついています。通常の高さの目線で歩いているとなかなか気づきにくいのですが、1階部分はシンプルな造りでも、見上げると2階の高さにあたる部分の装飾が素晴らしいことが多々あります。「グロリヤ」もそうです。軒先がブルーの三角屋根になっていて、上部には太い書体で描かれた「ＣＯＦＦＥＥ ＧＬＯＲＩＡ」の文字

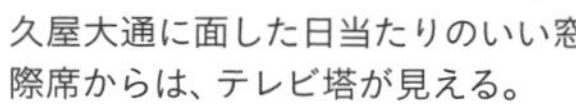

久屋大通に面した日当たりのいい窓際席からは、テレビ塔が見える。

看板。その美しさを二代目の大墨裕佳子さんに伝えると、「これは私が希望して、憧れていたスイスの建物の屋根みたいな感じにしたの。行ったことはないんだけど」と教えてくださいました。

大墨さんの義父が1階を喫茶店、2階を美容院として経営を始めてから半世紀。喫茶店の「グロリヤ」は、聖書にある賛美の言葉を基にしたラテン語の「栄光」を指す言葉から付けられたそう。ちなみに今はなくなってしまった2階は「NHK美容室」という店名だったようです。義父が高齢になって世代交代し、現在は裕佳子さんと娘さんの久子さん、アルバイトの方で切り盛りされています。

内装は当時のままですが、ユ

1階を見渡せる眺めのいい中2階の席。

ニークなのが客席の配置。厨房が店内中央にあり、その上が中2階となっています。1階は入り口付近のほか、厨房の奥にも席があり、そちらは「仕事中にサボっていてもバレない『奥の院』と呼ばれていた」と冗談交じりに教えてくれました。

「グロリヤ」で出会った、気になるメニューは「ファンシードリンク」。運ばれてきたのは、淡いピンク色をした何ともロマンチックな見た目の飲みもの。見るまでは想像がつかなくとも、実物を知るとそのネーミングも納得のかわいらしさです。

お店ができた50年以上前は、出勤する人たちが店の前を多く通り、朝や昼のみならず、一般的にはアイドルタイムになるといわれる15時から夕方にもひっ

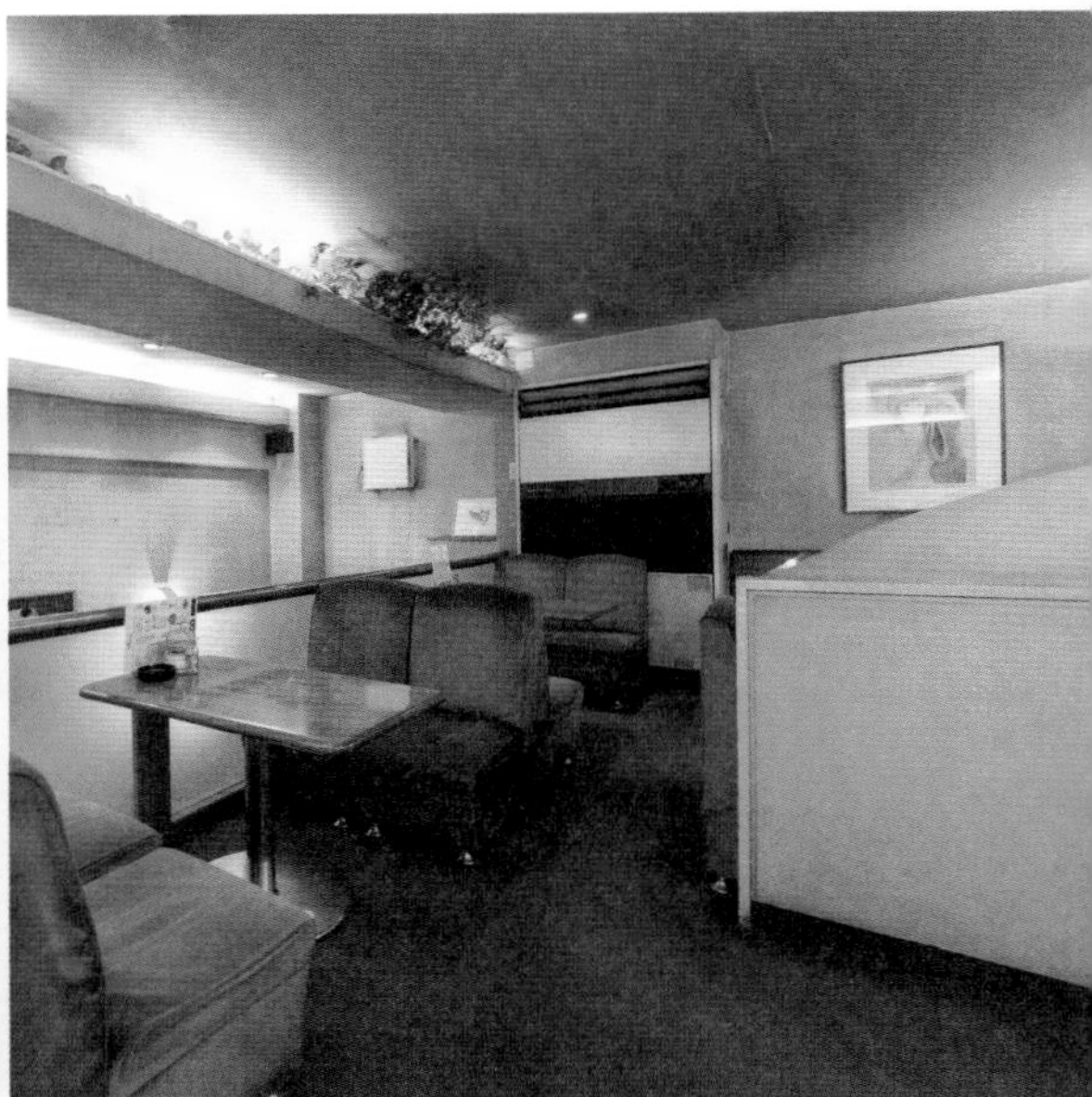

上）中2階の奥まった空間。
左）落ち着いて過ごせそうな1階奥。場所ごとに雰囲気の変わる店内は用途ごとに使い分けできる。

きりなしにお客様がやってきてとても忙しかったようですが、目の前にある公園や道路が整備されてからは、人々の流れが変わってしまったといいます。帰りを急ぐ人たちはすぐ地下街に潜ってしまうようになり、客足が少なくなっているそう。当時は、部活帰りの高校生たちがコーヒーやソーダ水を飲みに寄り、楽しそうにおしゃべりしていましたが、法律が変わり、喫煙可能であるこちらに20歳未満の方は入店できなくなりました。コンビニエンスストアの進出で手軽にコーヒーが買えるようになったことも、その一因かもしれません。

日々、誰もが慌ただしく過ごしているため、お店に入る時間も惜しいのか、買ったコーヒーを片手に、歩きながら飲む様子を見ることも珍しくありません。それもやむを得ないのですが、大墨さんが「若い頃、来てくださった方が何十年かぶりに寄ってくださって、『まだあった』な

ゆずソーダ（右）と
レモンスカッシュ（左）

コーヒーゼリー

んて言ってくださるとうれしく思います」とおっしゃるように、あとで自分の過去を振り返ったときに、思い出の場所があることはきっと人生を豊かにするのだと思っています。

「グロリヤ」の窓際席からは通りがよく見えて、春には桜が、初夏には眩しいほどの新緑が楽しめます。たまには思い切って時間を作り、外をぼんやり眺めながらひと休みすることで、また元気に動き出せる活力が湧いてくるのかもしれません。

◎喫茶グロリヤ

㋫愛知県名古屋市
東桜1-10-38
㋪名古屋市営地下鉄名城線・
桜通線「久屋大通駅」5A出口すぐ
㋔7:30〜17:00
㊡土・日・祝
☎052-951-2990（予約可）

エーデルワイス

毎日その光景を眺めているからでしょうか、私にはとてつもなく貴重で美しく見える喫茶店の店内も、お店の方々はあまり気にしたことがない、といった感じで、「言われてみるとそうかもしれない」とおっしゃることがよくあります。

名古屋市中区栄の久屋大通公園のシンボル、3年前に大規模改修したテレビ塔（現・中部電力ＭＩＲＡＩ ＴＯＷＥＲ）近くにある「珈琲エーデルワイス」も、一見昔ながらの普通の喫茶店のたたずまいでありながら、中に入り、深緑色の椅子に腰かけてじっくり店内を見渡すと、至るところに芸術作品が飾られていてワクワクするのです。

１９５４年に木造の三軒長屋の真ん中で「喫茶テレビ」という名前で創業し、その5年後、１９５９年に近隣が区画整理の対象となったことがきっかけでビルの建替えを行い、同時に店名を「珈琲エーデルワイス」と変更。「5歳の頃にここができた。『喫茶テレビ』って店名は、まだ家にテレビ

美術館のような店内で楽しむ炭酸水

さんざし（右）とソーダ水（左）

「さんざし」とはアセロラ風味の果物で、すっきりとした甘みと控えめな酸味が特徴。ホットもあり。ソーダ水はグラデーションがきれい。

海外未渡航の先代が美術品収集に利用したのは、当時デパートで開かれていた「国際バザール」という催事。

がなかった時代だったからね。でも家庭にテレビがあることが普通になってきて、今さらテレビもないだろうってことで変えちゃったんです」と話してくださったのは、二代目の秋田拓さん。

細長い店内は、椅子の向きがそれぞれ違っていたり、半円を描くように置かれたソファがあったり、お寺にあるような天井画が描かれた中2階があったりと、ユニークな造りになっています。どの席からでも見えるのは、美術館かと見間違うほどの、国籍もジャンルもさまざまな骨董品。それらはすべて先代である秋田さんのお父様がコツコツと集めたものだそう。これだけいろいろな国のものが置かれているのに、先代は飛行機が嫌いで、海外には行ったことがないというから驚きです。

「父が凝り性な人だったから。自分の好きにやって、そんなにお金のことを考えていなかった」と秋田さん。私が喫茶店

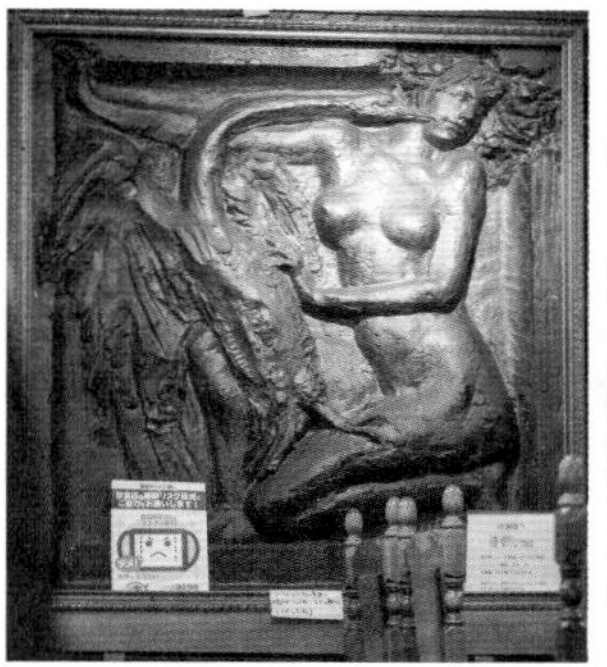

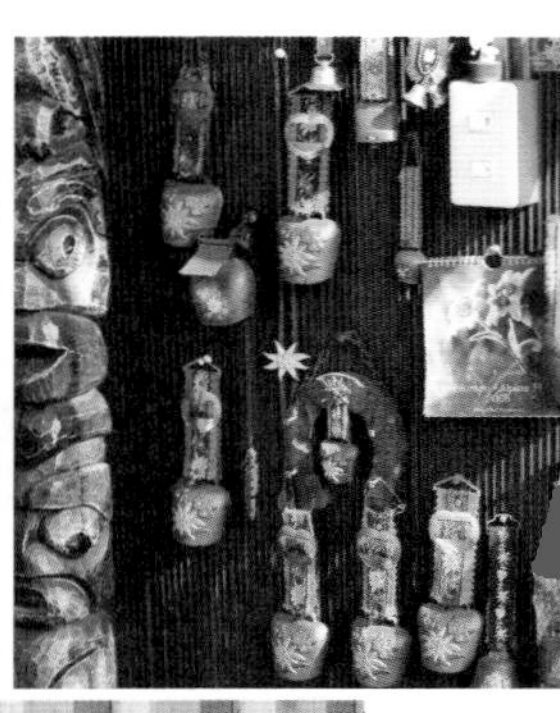

「外国からやってきたお客さんにね、『名古屋らしいお店だと思って入ったら、海外のものがごちゃごちゃ置いてあって、落ち着くけど統一性がない』と怒られたこともあった」と二代目の秋田さん。

に惹(ひ)かれた理由の一つとして、お店の人が内装や装飾品にどれだけお金をかけたとしても、そのぶんコーヒーの値段が何倍にも跳ね上がったりするわけではなく、いわば店主の自己満足のようなサービス精神を美しく思い、まるで昭和博物館のようだと思っていた、と伝えると、「そうやって思ってくれる人が何人ぐらいいるのかしらねえ」と苦笑い。

興味深い話がいくつも飛び出す中で衝撃だったのは、敬愛している名古屋市出身の画家、宇野亞喜良氏の作品がかつて店内に飾られていたということ。開店時に描いてもらったものの、飾れるスペースがなかったため、刈谷市の美術館に寄贈されたそうです。テレビ塔と子どもたちが描かれた、今とは違うタッチの作品だったようです。

「自由に過ごしていた」という先代の生き方は、一番近くにいたご家族からしてみると大変だったのかもしれませんが、集めてくださった膨大なコレクションのおかげで、コーヒー一杯の値段にもかかわらずこんなに贅沢で豊かなときを過ごすことができるのです。

エーデルワイスの花言葉は「大切な思い出」。「ここにもう50年くらいいて、うれしいことも悲しいこともここで教えてもらった」と、やさしいお顔で話してくださった秋田さんご夫妻をはじめ、かつて訪れていた方も、最近いらっしゃるようになった方も、先代が店名に込めた願い通り、こちらでのひとときをそう思っているに違いありません。

◎**珈琲エーデルワイス**

㊊愛知県名古屋市東桜１-10-1
㊡名古屋市営地下鉄桜通線
「久屋大通駅」５A出口すぐ
㊎7:00〜18:00、土〜17:00
㊡日・祝・第４第５土
☎052-971-4080（会議室は予約可）

初めて出会ったおしぼりの高温蒸し器。水を入れてガスの火で温めた庫内に、毎朝手で丸めたおしぼりを入れて蒸すそう。かつてはおしぼり一枚一枚に「エーデルワイス」の織りが入っていた。

消えたト音記号の謎

東　桜

珈琲
エーデル
ワイス

あまたある店内の美術品の中で特に気に入ってしまったのが、カウンターの向かいの壁に掲げられた、楽曲「エーデルワイス」の装飾品。五線譜は紐（ひも）でできていて、女性の姿をした石膏像は、二科展にも展示されたことのある石田武至さんという彫刻家が手掛けたもの。普通、そんな貴重なものであれば扱いも厳重になりそうなものですが、「30年以上も前の話だけど、掃除するときにト音記号がちょっと剝がれちゃって。えーい！　取っちゃえ！　って取っちゃった（笑）」という昔ながらの喫茶店らしいエピソードが。「エーデルワイス」のロゴも同じ作者によるものだそうです。

木彫りのようにも見える石膏像。最初は真っ白だったが、時を経て現在の渋みのある色合いに。

ウインナコーヒー　苦味のあるコーヒーにホイップクリームの甘味が相性抜群。これだけで満足。ランチのあとのデザート代わりにも。

名刹の隣にある
縁起のよさそうな喫茶店
ウインナコーヒーでひと休み

トキオ

戦国武将ゆかりのお寺が密集する街、愛知県津島市。かつて、織田信長により白山信仰の寺として絶大なる加護を受け、全国３０００社の神社・天王社の総本社である津島神社を護る「神宮寺」として重要な役割を担う牛玉山（ごおうざん）観音寺もこちらにあります。パワースポット好きな方たちの間でも人気で、元漫画家アシスタントという経歴を持つ副住職による劇画タッチの迫力ある御朱印を目当てに、全国からたくさんの人が訪れるそうです。

　今回目指したのは牛玉山観音寺の隣にある「トキオ」。屋根は若草色、白壁の建物には赤いタイルのアクセントが効いていて、どこかメルヘンチックな趣です。入口上部には、古代ローマを彷彿（ほうふつ）とさせる二人の人物が彫られたオブジェと、夜になると光るネオン看板があります。

　１９５６年に店主である伊藤彰英

さんのご両親がここで始めたのはパン屋と、買ったものを店内で食べられる喫茶室。

すぐ近くに工場があって、昔ながらのアンパンやクリームパン、ジャムパン、メロンパン、またシュークリームやマドレーヌなどの洋菓子を作っていたそう。伊藤さんも数年間は一緒にパン作りをしていましたが、メインで働いていたお兄様からの「もう辞めたい」という申し出を受け、パン屋は閉じて軽食なども提供できる喫茶店へと変わります。そのタイミングで会社を設立し、当時流行(はや)っていた沢田研二の歌からヒントを得て「トキオ」と名付けました。「東京パン」という企業とのつながりがあった頃の名残で、入

右）レジの後ろには美しいステンドグラスが。
左）格子模様の床に合わせるように、革張りの椅子も白と黒が交互に並べられている。

店内中央には、天井側にステンドグラスの装飾がついている柱が立っている。かつてはステンドグラスの部分が光っていたそう。

り口のガラスに「東京パン喫茶部」と印字されたままなのはご愛嬌。

　店名変更のタイミングが伊藤さんにとっても新しいスタートとなり、外観や内装をガラリと変えたそう。現在はかなりモダンな雰囲気ですが、以前はもっと和風な造りだったとか。コーヒーの淹れ方はご両親から習いましたが、食事に関しては経験がなく、知人のツテで数カ月の間修業に出たのは、伊藤さんが24歳の頃でした。名古屋の喫茶店で多く見かける鉄板にのったスパゲティ、「イタリアン」はちょうどその頃流行り始めたそう。

　先に紹介した「真珠貝」（P76参照）は、伊藤さんも

トキオ

大理石のテーブルとソファの模様が調和している。

タマゴサンド

ソーダーフロート（右）コーヒーフロート（左）

馴染（なじ）みのあるお店だったそうで、ちょうど取材してきたばかりの私たちが現在の様子をお伝えすると、「子どもの頃、よく行ったなあ」と目を細めて懐かしむような表情。「スパゲティとか、自分の店でも食べられるんだけど、それは食べたくなくて。やっぱり誰かが作ってくれたというのがいいんだろうねえ」という言葉にとても共感します。喫茶店での食事、ひいては外食するということは、金銭の有無にかかわらず、自分以外の人が作ってくれるというその温かい気持ちを味わっているのかもしれません。

以前は、近隣で働く企業の方たちが多かったそうですが、時間の流れとともにやってくる人たちも年を取っていき、現在はアルバイトの方を雇うこともなく、奥様と二人で切り盛りされています。メニューには

天井からつり下げられたランプの色は白。

大きな窓からは光がさんさんと降り注ぐ。斜め縞のロールカーテンが美しい。

モーニングもあるため、朝とランチどきは賑わうそうですが、午後は比較的ゆったりとした時間を過ごせるようです。名古屋で見かけることの多い回転灯は、「トキオ」入口の立て看板の上にも載っていて、オレンジ色に光っていたら営業中の合図です。観音寺参りのあとでも散策のあとでも、伊藤さんの作ったあまいものや軽食で、ひと休みするのはいかがでしょうか？

◎トキオ

㊎愛知県津島市天王通り6-43
㊐名古屋鉄道津島線「津島駅」より徒歩5分
㊔6:00〜16:00
㊡月
☎0567-26-1238（予約可）

モーニングも
日替わりランチも充実
あまいもの以外も
楽しみたい名喫茶

ソーダ水　幅広いグラスに入った今どき風のソーダ水。メロンとストロベリーの2種類で、アイスクリーム入りのクリームソーダもある。

葡瑠梵（ブルボン）

もし、名古屋市昭和区の川名駅周辺で昼食のとれるお店を探しているのなら、ぜひ「葡瑠梵（ブルボン）」という喫茶店のインスタグラムを開いてみてください。お昼の少し前にお店のアカウントに投稿される日替わりランチが本当においしそうなのです。チーズハンバーグ、回鍋肉、焼き魚定食、しょうゆらー麺、麻婆豆腐……。毎日変わる食事メニューを見るたび、いつもおなかが鳴るのです。

取材の日、迎えてくださったのは、オーナーである日比野民子さんと娘の智子さん、そして、民子さんから見てお孫さんにあたる拓也さんと奥様の早友里さん。

この場所を選んだのは、ある日、周辺の一角が売りに出たのをご主人が見つけて、「コーヒー屋をやるならここを買ったほうがいい」と不動産屋さんに提案されたから。大通りから一本奥まっていることと、角地であることも気に入ったそう。お兄様の影響もあって、小学生のと

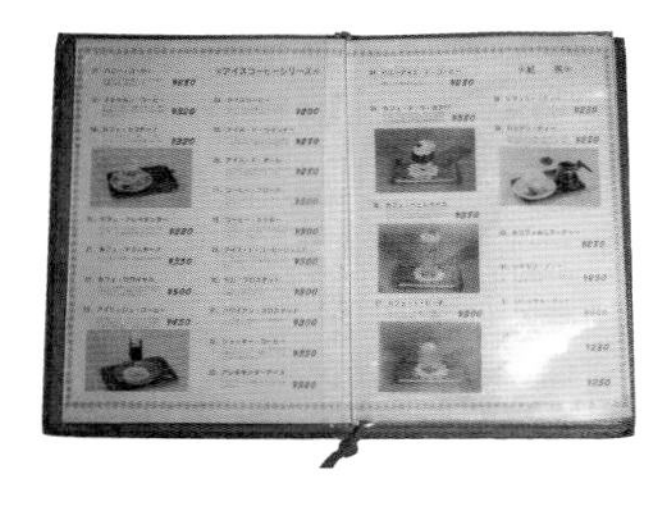

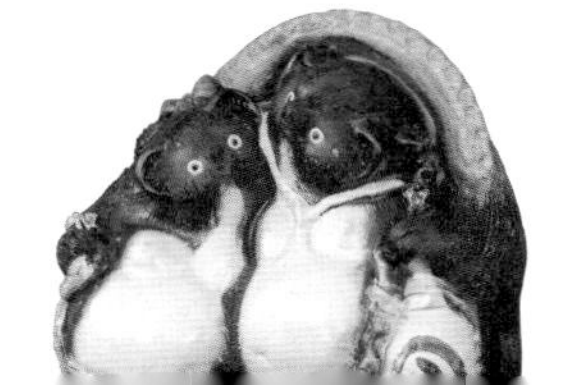

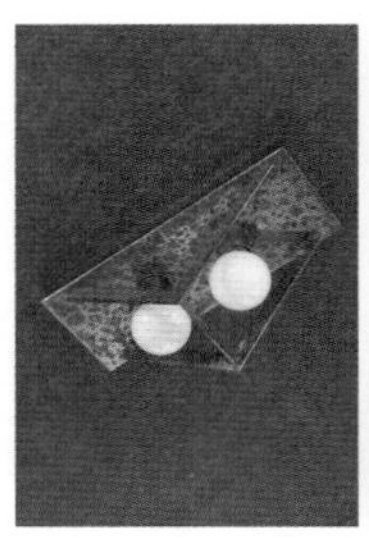

天井に取り付けられた凝ったデザインの照明。磨かれた椅子がより輝いて見える。

きから家でコーヒーを飲んでいたという民子さん。背伸びではなく、当時からコーヒーのおいしさに目覚めていて、「その頃からインスタントコーヒーがあったしね。お湯を注ぐだけで飲めたから」と大人の味覚をお持ちだったようです。若い頃はほかのお店へ足を運ぶこともあったそうですが、今は、朝起きたら2杯、夕方にも1杯と、この場所で飲んではリラックスしているそう。民子さんがコーヒーの勉強のために行っていたお店が「聖葡瑠（セーブル）」という名前だったため、そこから二文字頂いて「葡瑠梵（ブルボン）」と名付けました。当時は「支留比亜（シルビア）」や「伯刺西爾（ブラジル）」など、当て字にした店名が多かったようです。

お店が混み合うのはモーニン

左）シックな店内の雰囲気に合うレースのカーテンは智子さんの手作り。
右）増設されたモダンな和室の空間。

グのある朝と、日替わりランチが食べられるお昼どき。そこを過ぎると、客足も落ち着くため現在は16時で閉店です。「始めた頃は若いお客さんも多かったけど、今は全然来ない。当時は、家族連れでそれはもうたくさん来てくれた。マンションが建つと、そこには喫茶店、美容院、中華屋がだいたい入っていたけど、ここ十数年で減っちゃったね。これから喫茶店をやるのはむずかしいと思う。よっぽど好きでやるなら別だけど、人も集まらないし、元が取れないから」と、時代の流れとともにあったた変化を嘆いていらっしゃいましたが、この仕事を始めたことに悔いはなく、「ずっと楽しかった」と笑顔を見せてくださいました。

紅茶党にはうれしいロシアンティーの提供も。シンプルなトーストからサンドイッチまでモーニングは全部で10種類。コーヒー代との差額ですべてのドリンクが付けられる。

「自分の好きなことをやれてよかったなと思うよ。大変なこと、苦しいことは何もないね。常連が多いけど、いやなお客さんには一度も会ったことない」。それは、「葡瑠梵」を大切に思う民子さんのまっすぐな気持ちが、コーヒーや料理、接客の真摯(しんし)さにも表れて、訪れる人も、自分の好きな場所だからこそ大切にして過ごしたいという素敵な人ばかりやってくるからだと思うのです。

◎葡瑠梵

㊢愛知県名古屋市昭和区駒方町2-64-1
㊔名古屋市営地下鉄鶴舞線「川名駅」より徒歩5分
㊖8:00～16:00
㊡日
☎052−832−9875（予約可）

文化遺産として守ってほしい「ノリタケ」特注のタイル

駒　方　町
葡　瑠　梵

「葡瑠梵」で特筆すべきは、喫茶スペースと軽食スペースの間を区切る壁。陶磁器メーカー「ノリタケ」本社の隣にある「ノリタケの森」で焼かれた特注品のタイルが、まるで芸術作品のように配置されています。同じ名古屋市内の工場で作られたタイルの装飾は、時代が変わってもその美しさは衰えず、お店に集う人たちまで絵画のように見せてくれます。今からこれと同じような空間を造ることはとてもできないでしょう。

金銭的なことや材料不足もそうですが、長い時間の積み重ねがないとこのような味わいは出てこないものです。「葡瑠梵」のような、文化的価値の高い作品を保持されているお店に出会うたび、これらのお店が文化遺産として、少しでも長く守られてほしいといつも願ってしまうのです。

その日その時間、同じ空間にいる人たちによって起きる化学反応のような瞬間

何度かお邪魔していたお店。ずっと焦がれていて念願の訪問だったお店。30もの純喫茶の方たちとお話しして感じたのは、やってくる人たちに対してとても真摯で、どうやったら喜んでもらえるのかという強いおもてなしの気持ちに満ちていることでした。どの方もご自分のお店に対して謙遜されるのですが、短い時間の中で可能な限りじっくり会話をしてみると、創業から現在にいたるまでそれぞれに興味深いエピソードがあって、人生を懸けて喫茶業に向き合われていることをひしひしと感じるのです。

ご自身が初代で、近い将来お店を閉じてしまうであろうことを話してくださったときに浮かんだ寂しそうな表情が印象的だった方。ご両親から継いで、守っていくものと進化していくことについて熱く語ってくださった方。血縁はないにもかかわらず、お店を愛している人たちの想いを汲んでその歴史ごと引き継いだ方――。お店を始めた理由、続けていく理由もさまざまでした。

純喫茶の魅力として、手頃な価格もその一つかと思いますが、材料費や人件費の高騰などもある中で、少しでもおいしいものを、と思うお店の方たちの気持ちを、おなかの限界まで食べたあまいものたちに感じて、そのたびに心を打たれたのです。気軽に食べられるあまいものももちろん素敵です。しかし、フルサービスの純喫茶で過ごす時間には、人とのやり取りがあってその中にある温かさや気づきは、その価格の何倍もの付加価値があって何度も足を運びたくなります。

あまいものやコーヒーは嗜好品であるため、取らずにいても生命維持を脅かされたりはしませんが、好きな純喫茶へ足を運んでゆったり過ごす時間は、どれだけ日々を彩り、心を潤してくれるでしょう！　意識的に遮断しないと常に情報が入ってきてしまう現代では、あえて一人

になる時間も大切だと思っています。インプットしたものをアウトプットする前にじっくり反芻して考え抜く場所として、適度な物音や話し声が心地よく、オンとオフの中間にある純喫茶はちょうどよいのです。そこで目にしたもの、耳にしたもの、訪れたことがきっかけで生まれた縁、自分のペースで過ごす中で考える時間など、そうしたひとときが一日のどこかにあることは、何気ないことに対する感情を豊かにすると思っています。もちろん、誰かと連れ立って出掛けておしゃべりに花を咲かせることも喫茶店での過ごし方の醍醐味です。

コーヒーの表面に落としたミルクの模様に二つとして同じものがないように、その日その時間、同じ空間にいる人たちによって起きる化学反応のような瞬間。その場所にいることで見えること、感じること、知ること。内装、メニュー、お店の方たちのお人柄。あまいものを想像した先にある笑顔になれる時間――。

「もし、自分が純喫茶を開くなら……」。好きなデザインの椅子に腰掛けながらそんな妄想をするのも終わりがなくて楽しいものです。いつかどこかで扉を開けたお店に立っているのはこちらを読んでくださっているあなたかもしれません。そのときはどうか、おいしいコーヒーを片手にその熱い想いを聞かせてくださいね。

最後に、次々とお客さまが扉を開けるお忙しい時間にもかかわらず、今までのお話やこれからのことを惜しみなく聞かせてくださったお店の皆さまに心より感謝申し上げます。素晴らしい喫茶文化のある名古屋へ愛を込めて。

難波里奈

難波 里奈（なんば・りな）

「昭和」の影響を色濃く残すものたちに夢中になり、当時の文化遺産でもある純喫茶の空間を、日替わりの自分の部屋として楽しむようになる。時間の隙間を見つけては日々訪ね歩いたお店の情報を発信。「純喫茶とあまいもの」シリーズ（誠文堂新光社）や『文庫版 純喫茶コレクション』（河出書房新社）など著書多数。純喫茶の魅力を広めるため、マイペースに活動中。

撮影　ヒロタ ケンジ、難波里奈
デザイン　田山円佳（スタジオダンク）
取材・編集　山内菜穂子
校正　ケイズオフィス
協力　昭和スポット巡り　平山 雄
the other　鈴木、はーた
メトロポリタン　奥瀬高広、アンリ

唯一無二の魅力を持つ30のお店
純喫茶とあまいもの 名古屋編

2023年 8月17日　発　行　　NDC672

著　者　難波里奈
発行者　小川雄一
発行所　株式会社 誠文堂新光社
〒113-0033　東京都文京区本郷3-3-11
電話03-5800-5780
https://www.seibundo-shinkosha.net/
印刷・製本　図書印刷 株式会社

ISBN 978-4-416-52241-7